THE教師力ハンドブックシリーズ

学級開き入門

jun sasaki 佐々木 潤 著

明治図書

まえがき

　新年度のスタート。どの子どももドキドキしながら新しい生活を迎えます。これまでのことをリセットして，新しい自分に生まれ変われるような期待感をもって登校してきます。先生もそうではありませんか？　新しい年のスタートはどこかすがすがしく，期待感に満ちあふれているものです。

　しかし，子どもが抱えているのは期待感だけではありません。どんなクラスなのだろうか…，どんな先生なのだろうか…，どんな1年になるのだろうか…。同時に不安もランドセルに背負ってやってきます。

　私たち教師は，そんな子どもの不安を晴らしてあげなければなりません。「あ，今年はなにかいい一年になりそうな気がする！」という思いをもたせなければなりません。

　まずは始業式の日。最初のこの日をどんな日にするか？　そして，そこからの1週間をどう過ごすか？　それが，1ヵ月，いや1年を左右すると言っても過言ではありません。教師と子ども，そして子ども同士の関係づくりの第一歩になるからです。では，何をしたらいいのでしょうか？

　TOSSでは学級開きについて「黄金の3日間」と言っています。どんな学級の子供でも，最初の3日間は騒がずに先生の言うことを聞くといいます。この3日間は「どんな先生か」を子どもが査定する期間なのだそうです。だから，この3日間で，これから1年間通用する約束事やルールをはっきりと決めなけ

ればなりません。これを怠ると学級は崩壊します。これがTOSSの主張です。これには私も同意します。

　また，野中信行氏は著書の中で「3・7・30の法則」として学級開きについて述べています。3日間で「この先生はおもしろそうだ。」というイメージをもたせたり，学級の仕組みの第一歩を作ったりします。7日間で子どもたちに指導するときにポイントとなることを押さえます。そして，30日間で定着を図るというものです。これも確かにそうです。

　両方に共通しているのは，最初のうちに子どもへの指導を徹底し，システムやルールを確立しているということです。つまり，最初を怠り学級が崩れてしまうと，そこから立て直すことは難しいということです。

　私は「3日」とか「7日」とかにこだわる必要はないと思います。子どもに，一番初めに指導するときに曖昧なことをせずに，自分の学級づくりの考えが伝わるようにすることが大切だと考えています。

　ですから，まず「どんなクラスにしていきたいのか」ということを子どもの姿として明確にもつことです。そして，その姿に近づけるために何をしたらよいのかを考え，整理しておくのです。そのことに基づいて学級開きを始めます。

　言葉で伝えるのはもちろん，行動でも伝えるのです。例えば，「ごみを拾いなさい。」と言うだけでなく，先生もごみを見つけたら拾う姿を見せるのです。「ルールを守りなさい。」と言いながら，そのルールを守っていないのを先生が見過ごしていたら

「あ，これぐらいは守らなくていいんだ。」というマイナスのメッセージを送ることになります。例えば給食指導。私はおかわりをさせるときに，必ず「〇〇〇をおかわりしたい人何人いますか？」と尋ねさせ，食缶にある分をその人数で分けるようにさせています。「クラスのメンバーは公平である」という私のポリシーを反映させているのです。それは，非言語のメッセージであり，ヒドゥンカリキュラム（潜在的カリキュラム）になります。

年度初めには，指導しておくべきことがたくさんあります。最初に指導（ファースト・インストラクション）するとき，その場で指導を考えるのではなく，どうするのかをあらかじめ考えておく必要があります。なぜなら，子どもは後で修正するのが難しいからです。また，指導が二転三転すれば信頼を失いかねません。ですから「ファーストインストラクション」を大事にしていきましょう。

この本では，学級開きを最初の1ヵ月程度ととらえ，そこで何をすればよいのか，どうすれば学級がうまくいくようになるのかについて述べていきます。

目　　次

まえがき ── 3

第1章　始業式までにやっておくこと ── 9
1．クラスの子どもの顔と名前を覚える ── 10
2．名札を作る ── 12
3．子どもの引継ぎをする ── 14
4．そうじや表示をする ── 16
5．学級通信を作る ── 18
6．昇降口・教室に名簿を貼る　座席順を表示　黒板にメッセージ ── 20
7．着ていくものを決める　垂れ幕の準備 ── 22

　　コラム①　　クラスのゴールをイメージしていますか？ ── 24

第2章　始業式・1日目 ── 27
1．始業式〜教室に行くまで ── 28
2．教室で自己紹介 ── 30
3．子どもの名前を呼ぶ ── 32
4．子ども同士をつなぐ ── 34
5．約束事を一つ決める ── 38
6．ものを渡すときは「どうぞ」「ありがとう」── 40
7．明日の持ち物のメモ ── 42
8．宿題と帰りのあいさつ ── 44

　　コラム②　　クラスの状態で学級開きは変わる ── 46

第3章　2日目〜3日目 ── 49
1．並び順を決める　整列の仕方を教える　机，いすのサイズを合わせる
　　　　　　　　　　　　　　　　　　　　　　　　　　　　　── 50
2．入学式の指導〜立ち方，座り方，礼の仕方 ── 52
3．作文を書く ── 54

4．掃除分担を決める —— 56
5．クラス全員で遊ぶ —— 58
6．係を決める —— 60
7．大事なことを話す —— 64
8．日直の仕事・号令のかけ方 —— 66
9．給食のやり方を教える —— 68
10．朝の会 —— 74
11．帰りの会 —— 76
12．帰りの用意・メモを書く —— 78
13．学習のルールを教える —— 80
14．提出物の礼儀・お客さんへのあいさつ —— 82
15．子どもと遊ぶ —— 84

コラム③　縦糸・横糸論 —— 86

第4章　4日目〜7日目 —— 89

1．クラス目標を決める —— 90
2．クラスのシンボルマークを決める —— 94
3．宿題をパターン化する —— 96
4．これまでの決め事を確認する —— 98

コラム④　毅然と接するとは —— 102

第5章　8日目〜いつでも大切なこと —— 103

1．ほめ方・しかり方 —— 104
2．指示の出し方 —— 106
3．教室環境の整備 —— 110
4．ノートの鉄則バン・カイ・ギ —— 112
5．やっぱり笑いが大事 —— 114
6．ファーストインストラクションが大事 —— 116

コラム⑤　子どもはどんな先生が好きか —— 118

第6章　クラスを温めるために ── 121
1. よいところさがし ── 122
2. ふわふわ言葉とチクチク言葉 ── 124
3. クラスネームをつくる ── 128

　　コラム⑥　専科は授業開き ── 130

第7章　クラスが盛り上がるミニゲーム集 ＆ あると便利なグッズ集 ── 133
1. 子ども同士をつなぐミニゲーム集 ── 134
2. あると便利なグッズ ── 140

あとがき ── 142

第1章

始業式までに やっておくこと

　学級開きは，始業式から始まるのではありません。その前から始まっています。春休みの間の準備に，学級開きがうまくいくかどうかがかかっています。ここでは最低限やっておくべき準備を紹介します。

学級開き入門

①【始業式3日前】
クラスの子どもの顔と名前を覚える

　始業式を迎えるにあたっていろいろと学級の準備をしますね。人によってさまざまでしょう。しかし，何をどのように準備するかによって，ずいぶん差が出てきます。

　新年度が始まってからの春休みの期間は，5日だったり，3日だったり学校によって違いがあります。ですから，準備の時間にも差があるでしょうね。とりあえず，ここでは3日前から準備を始めるという前提で話を進めます。

　始業式までに，「これだけはやっておきたい！」ということがいくつかあります。そのうちの最も優先順位が上なのが「子どもの顔と名前を覚えること」です。

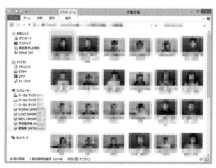

　まずは，子どもの顔写真を名簿順にフォルダに並べます。次に，一人ひとりの顔写真に名前と読みがなをつけます。このデータファイルを「1番○○○○，2番○○○○，3番○○○○…。」というふうに声に出して読みながら開いていきます。まずは3回やりましょう。難しい読み方や，似たよ

10

うな顔，名前に注意するのは言うまでもありません。

　次に，名前を削除して言えるかどうか試します。自分にクイズを出している感覚で，何点取れるか？というふうにやると飽きずに楽しみながらできます。

　さらに，言うだけでなく，書いてみる（またはパソコンで打ってみる）と，名前の漢字も覚えられます。やってみるとわかりますが，意外と間違って認識していたりするものです。これは，一気にやるのではなく，毎日少しずつやる方がよいです。

　子どもの顔と名前が一致すると，初日からすぐに子どもを名前で呼ぶことができます。初日から，普通に「あ，○○○○くん！」と，声をかけることができるのです。そうすると，子どもは「先生はもうクラスの子どもの名前を覚えている。」とびっくりします。たとえびっくりしなくても，心の中で小さく感動することでしょう。

　「子どもの名前は３日間で覚えればいい。」ということを言う人もいます。それでもいいかもしれません。しかし，子どもとの信頼関係を強くするためにも，やはり，始業式前に覚えておく方がいいでしょう。記憶力に自信がなくてもまずはやってみましょう。

　この他に，子どもの出席番号を覚えておくと後々楽です。何かと子どものものを並べる機会は多くあります。テストの並べ替えや提出物の照合など…。番号を覚えておくと，誰が出していないなど，すぐにわかります。

学級開き入門

【始業式3日前】
名札を作る

1 名札は何種類かつくる

　始業式までに，クラスの子どもの名札を作っておきましょう。マグネットで貼れるものです。私の場合は，名札は二種類。黒板に貼るものと，掃除分担用にホワイトボードに貼るものです。

2 黒板に貼る名札

　黒板に貼るものは，授業で誰が意見を言ったのかを示すために使ったり，係を決めるときに使ったり，席替えをするときに使ったりします。いろいろと重宝するので，作っておきましょう。

　パソコンで名前をプリントアウトして，ラミネーターをかけてマグネットを貼るという方法もありますが，これだと角が曲がったり，ラミネートがはがれてきたりして耐久性が低いです。

　私がいつもやっている

のは，カラーマグネットシートを5㎝×8㎝程度の大きさに切り，直接名前を書く，という方法です。ちょっと手間がかかりますが，これだと，角が曲がることなく，1年使っても大丈夫です。一人ひとりの名前をよく見ながら書いていくので，名前の漢字も覚えることができます。

3　掃除用名札

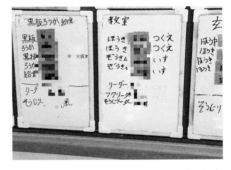

　ホワイトボードに貼るものは，掃除分担を示すのに使います。子どもたちが話し合いながら，自分たちで忘れないようにするためにボードに貼っておきます。次の日になったら，それをずらして，順番に分担するようにしていきます。その大きさは，3㎝×4㎝程度。これも同じようにカラーマグネットに直接書きます。

　黒板に貼る名札は，子どもたち自身が自分のトレードマークを書いたものを使うという方法もあるようです。
　いずれにしても，①よく見えること，②耐久性があることをクリアしていればどの方法でもOKです。

学級開き入門

【始業式3日前】
子どもの引継ぎをする

　前年度の担任と，子どものことについて引継ぎをします。さて，どんなことを聞けばよいのでしょうか。聞きたいことは山ほどあるでしょうが，時間も限られています。ポイントを押さえて，効率的に行えるようにしなければなりません。

　「子どもについて先入観をもつのはよくない。」とか「子どもをラベリングしてしまうのではないか。」という人もいますが，子どもが昔と変わってきていると言われている昨今，子どもの情報を事前に詳しく把握しておくことに越したことはありません。事前に知っておいたおかげで，トラブルを未然に防げたという事例を，私は山ほど知っています。特に，発達障害児の対応や難しい保護者の対応については，詳しく聞いておいた方がよいです。（3日前と書いていますが，相手の担任が転勤の場合，もっと早く行われているでしょう。）

　さて，子どもの情報を聞く際には，どのようなポイントを押さえればいいでしょうか。私は，次のようなことを聞くようにしています。

① **学習の状況**：学力はどうか。個別指導が必要ではないか。苦手な教科・分野は何か。
② **生活の様子**：性格はどうか。過去の問題行動にはどんなも

のがあったか。リーダーになれるか。いじめを受けていなかったか。人気者か。排斥傾向ではなかったか。
③ **他の子との相性**：誰と仲が良いか。交友関係は広いか狭いか。組ませたくない子どもは誰か。過去にどんなトラブルがあったか。
④ **健康状態・不登校**：持病はないか。欠席は多くないか。少しのことで訴えてくるか。不安になりやすいか。
⑤ **得意なもの**：運動が得意、絵が上手、ピアノが弾ける、習字が上手いなどの得意なものがあるか。過去に賞を受けたことがあるか。
⑥ **家庭の環境**：家族構成は。誰と兄弟か。保護者は協力的か。クレーマーか。過去にどんなトラブルがあったか。子どもの言うことをそのまま信じるタイプか。

　これらのことについて、聞いていきます。聞いたことは書き込めるように名簿に、この項目の欄を作っておくと良いです。学校で共通理解が図れれば、この項目について事前に前担任に一覧に書き込んでおいてもらうのが、一番効率的です。（ちなみに、私の学校ではそうしています。効率的にするために名簿を作っても、引継ぎには２時間以上かかります。）

学級開き入門

【始業式2日前】
そうじや表示をする

1 教室の掃除

　教室の整備をしましょう。まずは，掃除から。前年度に使っていた人の荷物があったりするので（笑）気をつけましょう。子どもたちの机・イス・ロッカーを丁寧に拭きます。時間があったら窓も拭いておきたいですね。

2 廊下のものかけ・ロッカー・靴箱の表示

　次は，子どもたちが使う場所の表示をします。手書き，パソコン，いろいろな方法がありますが，ラベルシールに氏名の印を押すのが一番簡単でしょう。

　廊下の物かけの表示をします。学校によって，名前まで表示するところと，番号で表示するところとありますが，できれば名前まで表示した方がよいです。なぜならば，落ちていた時に，子どもたちが拾ってかけてあげることができるからです。

　ロッカーの表示もします。始業式の日に，子どもが荷物を置くのに戸惑わないようにするためです。

　そして，靴箱の表示をします。これも，最初に置き場所がわかるようにするためです。靴箱の表示については，あえて表示

をしない学校もあります。靴隠しなどのいたずらを防ぐためです。始業式の日は「好きなところに入れて置きましょう。」と張り紙をしておいて、次の日からはその場所を使うようにすればいいわけです。

3 日直の仕事の表示

　日直の仕事の表示をします。仕事を一つひとつ短冊に書き、終わったら裏返す、というシステムにしておくと忘れることがありません。全部仕事が終わると裏にイラストやメッセージが表れる、という方式が楽しいです。

　表に書く日直の仕事は
○朝の会の司会（8：35）
○「おはようございます」の号令
○1〜4時間目のあいさつの号令
○「いただきます」のあいさつ（12：35）
○「ごちそうさま」のあいさつ（12：55）
○5〜6時間目のあいさつの号令
○帰りの会の司会
○次の日の日付と日直を書く。
などが挙げられます。注目すべきは、「朝の会」や「ごちそうさま」などに時間が書いてあるところです。これで、

担任がいなくても自分たちで給食を進めることができるのです。

学級開き入門

【始業式2日前】
学級通信を作る

　さて、第1号の学級通信を書きます。前日に書いた方が気分は盛り上がりそうですが、書いたものは管理職に見てもらう必要があります。それで、2日前に書くわけです。書いたら、教頭先生に見ていただき、次の日に印刷しましょう。

タイトルをどうするか

　さて、第1号です。タイトルはどうしましょうか。担任の願いが込められているといいですね。それから、インパクトがあるともっといいです。ちなみに私が過去につけていたタイトルは、「太陽」「ゴーゴーファイブ」「カレーライス」「ヒルクライム」「4mula-1」「4×2＝8APPY！」「E－顔満開、6の1！」「うれ41、たの41、4の1！」などなど。ちょっと目を引くタイトルです。（すみません、自画自賛ですね。笑）。

　近年は、クラス目標をタイトルにする方式をとっています。最初は「〇年〇組だより（仮）」としておいて、クラス目標が決まってから正式に学級通信のタイトルをつけています。その方がクラス目標を意識するようになります。ちなみに、「4×2＝8APPY！」「E－顔満開、6の1！」「うれ41、たの41、4の1！」は、クラス目標です。

2 内容をどうするか

　始業式に出すのですから，子どもの様子は書けません。書くのは担任の自己紹介と連絡事項です。自己紹介については，できるだけ詳しく書くとよいです。内容は，誕生日とか住んでいるところとか，好きな食べ物や好きな芸能人とか…。固いことだけでなく，少しくだらないことも書きます。（くだらない話をすることは，人間関係を円滑にする効果があるそうです。）学級通信は子どもも読むので，子どもにもわかりやすいように書きましょう。ここで，キャラを立てておくと印象的です。「あ，○○○の先生ね。」と覚えてもらえます。顔写真も入れましょう。

　自分のことを書くのはいささか抵抗があるかもしれませんが，保護者との信頼関係をつくるには，まずは担任が自己開示する必要があります。恥ずかしがらずに，自分を出していきましょう。

　※私の場合は，こんな感じです。

☆担任紹介

　今年度，担任になりました佐々木潤（ささきじゅん）です。
　女川は3年目になります。昨年も4年生を担任していました。
　出身は石巻市です。今は，青葉中学校のそばに住んでいます。おもしろいことをしてこどもたちと笑い合うのが好きです。とくに，イベントやお祭り的なことが好きです。その他に好きなものは，車（愛車はハチロク），サッカー（ベガルタ仙台！），テニス，音楽（鑑賞も演奏も），ラーメン，ビール，エヴァンゲリオンなどなどです。嫌いなものは，しいたけとデスクワークです。
　家族は…妻（一人）子ども（長女：大学生，長男：高校生）です。年齢は…，えーっとトラ年生まれということで…。

第1章　始業式までにやっておくこと

学級開き入門

【始業式1日前】
昇降口・教室に名簿を貼る
座席順を表示　黒板にメッセージ

　さあ、いよいよ明日は始業式です。最後の準備をします。

　まず、新しいクラスのメンバーの名簿を貼りましょう。昇降口と教室の入り口に貼っておきます。これを見て、子どもたちは喜んだり悲しんだりするのでしょうね。きっと大騒ぎすることでしょう。そんなことを考えながら貼ります。

　教室には、子どもたちが座る場所を表示しておきます。最初なので名簿順がいいでしょう。「名簿順に座りましょう。」と書くよりも、作っておいた名札を使って表示しておくとわかりやすいです。

　さて、最後に黒板にメッセージを書きます。教室に入ってきて、子どもたちが最初に目にするものです。言わば、担任とのファーストコンタクトでもあります。よく練って書いた方がよいでしょうね。どんな内容にしましょうか？やはり、期待感を高めるものにしたいですね。自分が大切にしていることや、こういう目標に向かって頑張ろうとか、そこは自分のポリシーを生かして書きましょう。学年の発達段階にも配慮するとよいですね。

　担任の先生が誰かわからないように、遊び心を出すのもいいですね。私の知っている先生（男性）は、わざわざ女の先生が言うような言葉で黒板メッセージを書きました。「みんなと会

えるのを楽しみにしているわ。」とか（笑）。絵の得意な先生は，漫画のキャラクターを描いて吹き出しの中にメッセージを書いていました。これは子どももわくわくするでしょう。

　担任の先生を当てるヒントを出しておくのもおもしろいですね。ちなみに私の場合のヒントは「ヒント１：私は植物である。（佐々木なので，笹と木）ヒント２：わたしはジャニーズである。（松潤の潤）ヒント３：わたしはじいさんである。（ちびまるこちゃんの「佐々木のじいさん」）」などです。初めて担任する学年は「誰だろう？」となかなか当てられませんが，一度持ったことがある学年だと「こんなことをするのは潤先生しかいない！」と一発でばれるので，このヒントは出しません。（この年は，字でもばれそうだったので，その時はパソコンで作りました。）

　なんとなく楽しそうで力がわくようなメッセージを書くということがポイントですね。

学級開き入門

⑦ 【始業式1日前】
着ていくものを決める 垂れ幕の準備

1 見た目は大事

いよいよ始業式は明日に迫りました。子どもとの出会いが待っています。

いろいろ考えるのも大事なのですが，自分の『見た目』にも心を配りましょう。「人は見た目が9割」と言われるぐらい，見た目は大事です。出会った時の印象は後々にも影響があるのです。大人だったら，「最初は怖そうな人だと思っていたけど，おもしろい人だね。」と，一緒に過ごしていくうちに印象が変わっていっても問題ないですが，子どもはそうはいきません。最初の印象が大事なのです。「あ，なんかこの先生よさそう。」と思わせなければなりません。髪はぼうぼうではないですか？無精ひげは生えていませんか？何よりも清潔感が大事です。

何を着るかも考えましょう。できるだけ明るい服装がいいです。ぱっと明るい印象を与えます。とはいえ，男性教師の場合は暗めの色のスーツしか持っていない方も多いでしょう。そんな時は，明るい色のシャツとネクタイを着用しましょう。ちなみに，私は，水色のシャツに黄色いネクタイをしていきます。

2 自己紹介用の垂れ幕を準備

「自己紹介用の垂れ幕って何?」と思われた方も多いでしょう。よく,自己紹介の時に,黒板に名前を書きますよね。それもいいですけど,それだけだとちょっと印象が薄いので垂れ幕にするのです。

垂れ幕と言っても,何のことはありません。自分の名前を紙に書いて丸めるだけのことです。上下に広告紙を丸めたものをつければ立派に垂れ幕になります。ここに,自分の名前を書きます。できれば,筆で書きましょう。自信のない人はパソコンでもいいです。(その時は書体にこだわりましょう。)

これを持って,「先生の名前は,これです!」と,するすると落とすのです。インパクト絶大ですよ。

学級開き入門 COLUMN ①

クラスのゴールをイメージしていますか？

具体的な姿をイメージすること

　新学期が始まる前に，自分のクラスのゴールをどこに置くのかイメージしておくとよいです。おそらく，どんな先生でも，「明るいクラス」「やさしいクラス」とかを目指していますよね。じゃあ，明るいクラスってどんなクラスですか？どうなったら明るいクラスだと言えますか？意外と不明確ですよね。

　ですから，目指すクラスの姿を具体的に書きだすといいのです。できるだけ具体的にです。

　例えば，私は毎年，「自分たちで盛り上がるクラス」ということをゴールの一つとしています。では，「自分たちで盛り上がるクラス」というのはどんなクラスなのでしょうか？

- ○　歌を歌う時に大きな声で歌う。
- ○　みんなで笑う。
- ○　おもしろいことを言うとすぐに反応する。
- ○　クラスのイベントをよく開く。
- ○　運動会や学芸会に燃える。

などが挙げられます。これらのことができていたら，盛り上がるクラスになったと言えると考えています。

　このように，「〜なクラス」というゴールを考えたら，具体

的な姿をイメージするのです。

そのために何をしたらいいか

　具体的な姿を書きだしたら，次は何をすればいいでしょうか。実はここを考えていない人は意外に多いのです。よく，クラスの目標を話し合いで決めたりしますね。でも，目標を決めるだけで，それを達成するために何をするかまで決めているクラスがどれだけあるでしょうか。これと同じことです。ですから，クラスのゴールの具体的な姿をイメージしたら，そのために何をしたらよいか考えるのです。

　では，どうしていけばよいでしょうか。例えば，「歌を歌う時に大きな声で歌う。」ようにするために，「大きな声で歌いなさい。」なんて言っても，それほど効果はないですね。あんまり強く言うとかえって逆効果です。ではどうするか。私は，こうしました。

　クラスで歌いたい歌をみんなで選んで，朝の会か，帰りの会で歌うのです。大体は，子どもたちの間で今流行っている曲を選ぶでしょう。そういう曲は子どもを引き付けるものを持っています。そして，みんなで決めた曲ですから，それなりに大きな声で歌います。歌ったら，先生が「みんなで大きな声で歌うと気持ちがいいね！」と笑顔で言うのです。ここで肯定的なメッセージを発することが大事です。

　このように，具体的な姿を一つイメージしたら，それを達成するための作戦を考えます。

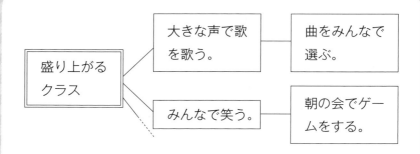

　一つに対して一つとは限りません。二つ，三つとなることもあります。その一つひとつが学級づくりの手だてになっているのです。

第 2 章

始業式・1日目

　さあ，いよいよ新学期が始まります。子どもたちの期待に応え，不安を取り除くような日にできるように，綿密にスケジュールを立てておきましょう。この日がこれからの1年を左右すると言っても過言ではありません。

学級開き入門

【1日目】
始業式〜教室に行くまで

1 始業式では

　いよいよ新学期の始まりです。始業式です。朝に子どもに「先生は何年生担任なの？」などとカマをかけられても決して口を割ってはいけません（笑）。

　さて、新しく赴任した場合は、着任式というものがありますね。これは自己開示・自己アピールするチャンスです。着任のあいさつでは、キャラを立てられるようにしましょう。時間も限られているので、短く、おもしろく、が原則です。自分の名前のネタが無難です。砂糖を見せて、「佐藤と言います。」と自己紹介した先生もいます。私も名前を使います。「先生の名前は、佐々木潤と言います。潤という字は、『嵐』の松本潤君と同じです。先生よりも、松潤の方が少しだけかっこいいのが残念ですが、先生を呼ぶときは『かっこいい潤先生』と呼んでください。」というのが私の鉄板ネタです。

　着任式も終わり、始業式です。子どもの心は担任の先生が誰になるかでいっぱいです。いよいよ担任発表の時がやってきました。校長先生が「〇年〇組、〜先生。」と発表したら、「はい！」と大きな声で返事をしましょう。元気さをアピールするのです。

　学校によっては、クラスの子どもたちの前に立つ場合があり

ます。その時は、うれしそうに満面の笑みで思い切り両手を振りましょう。もしくはサムアップして、ニカッと笑いましょう。クラスの中にはこれだけで安心する子もいるのです。

2 教室に戻る

　始業式終了後、教室に戻るまでの間をないがしろにしてはいけません。ここから、指導は始まっているのです。

　まずは一言挨拶。「よろしくお願いします！」で十分です。

　次に、教室までの戻り方について言います。「これから、教室に戻ります。列を崩さず、静かに歩いていくのですよ。」ここでのポイントは、①列を崩さず、②静かに、です。前年度、生活が崩れているクラスはここができません。

　先生が先頭に立って歩いていきます。時々、列が崩れていないかどうか、ふりかえって見ます。列が崩れていたら、立ち止まって「列を整えなさい。」と言います。最初が肝心です。ここは小さなことも見逃さずに指導しましょう。同じように、話をしながら歩いていたら、立ち止まり「静かに、と言いましたね。話をするのはやめなさい。」と言います。大声を出す必要はありません。短く、きっぱりと言うのです。

　教室まで戻ってきたら、「よくできましたね。合格です！」と言いましょう。これで、指導と評価が一つずつできましたね。子どもたちの中には、「移動の時は列を崩さず静かに歩く。」というルールが刻まれました。こういう些細なことも大切にするのが一日目のポイントです。

学級開き入門

【1日目】
教室で自己紹介

1 まずは名前を

教室に入ります。子どもたちは，先生のことを興味津々で見ています。まずは自己紹介です。普通に名前を言うのもよいです。「先生の名前を覚えている人〜!?」と聞くのもよいでしょう。ここで，黒板に書いてもよいのですが，前の章で書いた「垂れ幕」を使うと印象的です。

2 子どもとつながるために

これで終わりではありません。子どもとつながるためには，先生がまず自己開示しなければなりません。人柄を知ることで親近感がわくのです。そこで，自分のことを詳しく紹介します。

例えば，①住んでいるところ，②家族構成，③好きな食べ物，④得意なこと，などです。特に得意なことをアピールするとよいです。（私の知っている人は，バク転をやって見せたそうです。）

得意なものが特にない人は，好きなものを強烈にアピールするとよいです。食べ物でもよいのですが，ちょっとひねるとなおいいです。低学年だったらアニメのキャラクター，高学年だったら芸能人などがいいです。そして，それに「死ぬほど〜が

好きです。」とか「夢に見るほど〜が好きです。」と言うと、インパクトがあります。今後、これを話題に子どもたちとつながることができます。

クイズで自己紹介する、というパターンもあります。例えば、「先生の出身地は？　①石巻、②アメリカ、③金星」

(答え：石巻)

「先生の得意なことは？　①ギター、②トリプルアクセル、③瓦30枚割り」(答え：ギター)

「先生の好きな食べものは？　①みそラーメン、②しょうゆラーメン、③塩ラーメン」(答え：全部)

だんだん、難しくしていくと盛り上がります。

3 もう少し余裕のある人は

もっとインパクトのある自己紹介をしたい方のために、違うバージョンも紹介します。

まず、最初に教室に入る時、『先生さあ、今緊張しているから、先生が教室に入る時、拍手してくれるかなあ。』とお願いします。すると、最初ですからだいたい子どもは言うことを聞いて拍手をしてくれます。そこで、『ありがとうね。今、とても安心したよ。』と言うと、子どもも安心します。

名前の紹介の時は、『先生の名前がわかる人〜！』「佐々木潤先生！」『いいえ、違います。』「え？」『本当の名前は、佐々木かっこいい潤先生です（笑）。』と言うのです。これで、子どもたちも笑顔になります。

学級開き入門

【1日目】
子どもの名前を呼ぶ

1　名前を呼ぶことの意味

　先生の自己紹介の後は，子どもの名前を呼びます。これが一人ひとりの子どもとつながるファースト・コンタクトです。そういう意味で，ここは大事にしたいところです。呼び方を間違えてはいけません。間違えると，その子は，先生は自分のことを大切に思っていない，と感じてしまいます。

　前章で書いたように，子どもの顔と名前を一致させておいて，呼び方も確認しておけば間違わずに済みます。

　『これから，〇年〇組のみんなの名前を呼びます。出席番号順に呼びます。呼ばれたら，先生の方を向いて返事をしてください。返事は大きく短くキレよくやりましょう。』と話しましょう。見本として『はいっ！』と言ってみせるのもいいですね。

2　返事の仕方で知る情報

　さて，実際に子どもたちを呼んでいきます。でも，ただ返事を聞き流してはいけません。ここでの返事の仕方で，その子がどういう子どもか，ある程度知ることができるからです。
〇姿勢よく返事をするか，姿勢が崩れたまま返事をするか→規

律を守るかどうか
○大きい声か，小さい声か→物事に意欲的かどうか
○笑顔か，表情がないか→外交的か，内向的か
　子どもの一瞬の様子からこんなことがわかります。

3　返事の仕方をどう指導するか

　最初なので，返事はきちんと指導したいです。前に書いたように，「大きく，短く，キレよく」させたいですね。先生の自己紹介で，すごく盛り上がっているようだったら，多少厳しくやってもいいかもしれません。（もちろん，厳しくとは言っても怒ってはいけませんよ。）でも，あまり盛り上がっていないようだったら，ここでしつこく指導するとかえって逆効果です。後日時間をとって，改めて指導しましょう。

　さて，実際にどういう言葉がけをしたらいいでしょうか。
○姿勢のよくない子に→『背中を伸ばしていってごらん。』
○声の小さい子に→『一番遠くにいる人に聞こえるように言ってみようか。』
○表情が暗い子に→『少し口元を上げてごらん。いい顔になるよ。』

　これでダメなときは深追いしません。一度や二度の指導で効果がない時もあるからです。

　返事をしたら，『いい返事になったね。』と必ずフォローを入れましょう。もちろん，一人ひとりに『よろしくね。』と言うのを忘れずに。

学級開き入門

【1日目】
④ 子ども同士をつなぐ

1 子ども同士をつなぐこと

　自己紹介と呼名で先生と子どもをつないだら，次は子ども同士をつなぎます。子どもにとっては，先生との関係も大事ですが，友だちとの関係の方が圧倒的に重要です。しかし，今の子どもたちは放っておいても勝手につながるということが少ないのです。ですから，つながる場を設けることが必要になってきます。そして，出会わせ方にも一工夫しましょう。ここをうまくやれると，一年間うまく過ごせます。

2 例えばこんなゲームを

「じゃんけん自己紹介」

①教室内を歩き回って，誰かとじゃんけんをする。（これまであまりかかわりがなかった人とできるだけじゃんけんをするように話しておく。）
②勝った人から，名前と好きなものを聞く。次に交代して負けた人が聞く。
③最後にどれだけ覚えているか，言える人に言ってもらう。

これをやっている間，誰が積極的にかかわっているか，うまく声をかけられない子はいないかをよく観察します。声をかけられない子がいたら，積極的な子に相手をしてもらえるように頼んだりします。少しでも多くの子とかかわれたという思いが，これからのクラスでの生活に期待感を持たせます。
　この活動で名前と好きなものを知ることができ，コミュニケーションをとるきっかけを得たことになります。一人ひとり自己紹介するのもいいですが，直接話すことがこれからの人間関係づくりを円滑にしてくれます。

「ウルトラマンゲーム」

① 5〜7人ぐらいで輪になる。
② 一人，スタートの子を決めて，「ウル」と誰かを指す。
③ 指された子は，また違う子を「トラ」と指す。
④ 指された子は，さらに違う子を「マン」と指す。
⑤ 「マン」と指された子の，両どなりの子は，「シュワッチ」と言いながらすばやく両手をあげる。（ここがこのゲームのポイント）
⑥ 次は「マン」と指された子がまた「ウル」と誰かを指す。これを繰り返す。

これを,テンポ♩＝80〜100ぐらいでやります。で,何がおもしろいかというと「間違える」ところなのです。「シュワッチ」を忘れたり,自分じゃないのにやってしまったり。間違えたら「ワンペナ（1ペナルティ）」で,3分間でもっともペナ数が少なかった子が勝ちです。

　実にくだらないゲームです。こういう単純で笑えるゲームが,クラスの雰囲気を温めます。意外だと思われるかもしれませんが,くだらないことを一緒にやることが人間関係をつくるのです。

「アップダウンゲーム」

①5〜7人ぐらいで輪になる。
②右手は人差し指だけを立てる。
③左手は輪を作る。
④リーダー（教師）の「アップ」のかけ声で,右手を上にあげる。
⑤「ダウン」のかけ声で,右隣の人の左手の輪に人差し指を入れる。
⑥何度か繰り返す。
⑦「キャッチ」のかけ声で,すばやく左手で隣の人の指をつかむ。自分の右手はつかまれないように抜く。
⑧つかんだら1点。つかまれなかったら1点。
⑨何ラウンドか行い,最も点数の高い人が勝者。

　これも,子どもたちに人気のゲーム。じらすようにかけ声をかけたり,わざと「アップ」の時に大きな声で言ったりすると,

盛り上がります。「キャッチ」のときはみんなキャーキャー言い合います。

3 ゲームを選ぶ際には

さて,初日のゲームを紹介しましたが,ここで行うゲームを選ぶときにはよく注意をしてください。クラスの状況によっては雰囲気を温めるどころか逆にもめごとのタネになってしまう可能性もあるからです。

学年にもよりますが,クラス替えがあった場合はお互いに少し距離を置いています。この距離を縮める意味で,「じゃんけん自己紹介」は有効でしょう。

クラス替えがなく,持ち上がりのクラスはお互いによくわかっているところも多いので,先生の自己紹介までの雰囲気を見つつ,一気に盛り上がる「ウルトラマンゲーム」がよいと思います。男女の仲が良いのであれば「アップダウンゲーム」もいいですね。

前年崩壊しているクラスや,雰囲気が暗いクラスは身体接触のある「アップダウンゲーム」は避けた方がよいです。つかんだりするところでもめる可能性が高いからです。また,勝敗がつくものもやめた方がよいです。こういうクラスでは勝たないと面白くないと感じる子どもが多いからです。

ゲームは楽しい雰囲気を仲間と共有することを目的として行います。「初日からゲームをするの?」といううれしい驚きをもたせたいですね。

学級開き入門

【1日目】
⑤ 約束事を一つ決める

1 公約はしない

　自己紹介，呼名，ゲームと進んできました。ここまで，弛緩→緊張→弛緩ときましたね。次は，緊張です。

　ここで，大事なお話をします。内容は，まあはっきり言って何でもよいです。自分が真っ先に子どもたちに伝えたいことを話しましょう。

　よく，「いじめは許しません。」とか言いますよね。それはそれで大事です。年度当初に宣言することで，教師のスタンスを示すわけですから。でもね，この公約は果たしてよいでしょうか。

　学校での生活が始まって，いろいろとトラブルもあるでしょう。「いじめ」と呼ばれるものもあるかもしれません。問題なのは，はっきりとしないものです。「いじめ」と言えなくもないし，そうでもないと言えるようなケースですね。子どもから「いじめられている」と相談を受けましたが，関係者から話を聞いてみると，どうも被害妄想的な部分もあるようです。そんなときに『ん～それはどうも"いじめ"ではないようだなあ。』と言ってしまうと，「あ，先生は『いじめは許さない。』って言ったのに約束を破るんだ。」と思われかねません。ですから，

ここで公約を発表するのはいかがなものかと思うわけです。

　誤解のないように言っておきますが，何も「いじめに寛容であれ」ということではありません。「いじめを許さない」というのは，「廊下を走っちゃダメ」と同じぐらい自明のことです。学校生活の中では，今や前提となっていることですね。ですから，ここではもっと具体的な約束事を提示したいです。

2　約束事を一つ

　では私はどうしているかというと，約束事を一つだけ言います。一つでいいんです。あまりごちゃごちゃ言っても覚えきれませんから。その他の約束事は明日以降，少しずつ伝えていきます。

　で，その約束事は何かというと，「話は目で聞く。」というものです。より確かに伝えるためには，よく聞いてもらわなければなりません。『目で聞くということは，その人の表情や身振り手振りも見て，よりわかるようになることです。』と子どもにはその理由を話します。そして，合言葉のように『話は！』と先生が言ったら「目で聞く！」ということを約束します。これは，意識づけのために最適なパフォーマンスです。あ，目で聞いていないなと思ったら，すぐに『話は！』と言うと，すぐに「目で聞く！」と返ってきます。

　「話は目で聞く」を初日に伝えるのは，これから先，たくさん指示を出したり，説明をしたりすることがあるからです。これが徹底していると，話が伝わりやすくなるのです。

学級開き入門

⑥ 【1日目】
ものを渡すときは「どうぞ」「ありがとう」

1　プリントを渡すと…

　初日ですと，配布物がたくさんありますね。おそらく，渡すときは列の先頭の子に人数分を渡して，後ろに順番に流れていく，といったやり方でしょう。これが一番効率的ですから，この方法に問題はありません。

　問題はありません，と言っておきながらなんですが，ここにも指導の入る余地があるのです。子どもたちのプリントの渡し方を見てみましょう。黙ってもらい，黙って渡し，後ろを見ずに上から渡す，挙句の果てにはきちんと渡せずプリントが落ちて散乱する，というのが結構あるのではないでしょうか。何も声をかけずにプリントを渡すと，大体の子はこのように渡します。

　こんなとき，私は『はい〜，今渡したプリントを回収しま〜す。やり直しで〜す。』と声をかけてプリントを集めます。子どもたちは，「え？なんで？」という表情をします。

2　一言付け加えるだけで

　『どうして，やり直しをさせたでしょう？』と聞きます。おそらく，ほとんどの子どもは気付かないでしょう。『それはね，

渡す人への思いやりが足りなかったからです。みんなはさっき，どんな渡し方をしていましたか？』ここで，少し気づく子どもが出てきます。『そうですね。黙って渡したり，黙ってもらったり，渡す人を見ずに渡していましたね。』ほとんどの子どもが，「あ，確かにそうだった。」という表情をします。

　『渡すときには一言，"はい"とか"どうぞ"とか言うのです。もらうときは"どうも"とか"ありがとう"とか言うのです。それから，渡すときはちゃんと渡す人を見るのですよ。これが，相手への思いやりです。』ここまで言ってから，もう一度渡します。先頭の子どもが「どうも」と言ったら，『あ～，ちゃんと言えましたね！』とほめます。この最初の子をほめるのが肝心なのです。すると，次の子も「どうも」と言います。中には「どうもありがとうございます！」という子も出てきます。そうしたら『今のはすごく丁寧な言い方ですね！』とほめます。すると，子ども同士の受け渡しでも，丁寧で元気のいい言い方が多く聞かれるようになります。

　たったこれだけですが，この一言を習慣づけることでクラスの雰囲気は温かくなります。

3　さらにお笑い要素を

　ときどき『では，おぬしにさしあげよう。』とサムライことばで言うと，「かたじけない。」とか「くるしゅうない。」とか言う子が出てきます。こういうところをおもしろがると，クラスの雰囲気が楽しくなります。

学級開き入門

⑦ 【1日目】
明日の持ち物のメモ

1　明日の持ち物

　1日目もそろそろ終わりに近づいてきました。帰りの会です。(初日はおそらく時間がないので，帰りの会のプログラムを日常通りに実施できないでしょう。)

　先生からの連絡がメインです。明日の予定はこれこれで，持ち物はこれこれで，宿題はこれこれ…。ちょっと待ってください。これを子どもたちは記憶するのでしょうか？当然，これらはメモをさせます。黒板に書いてメモをさせるのがベストです。

　どういう形でメモをさせるのかは重要です。ここも，「最初が肝心」です。私は，Ａ6版のメモ帳を人数分購入し，これに書かせます。メモ帳を買う予算がない場合は，何か書くものを用意しておきましょう。

　『忘れて困ることは，必ずメモをするのです。先生も忘れて困ることはメモをしています。人の記憶はあてになりません。』と，メモすることの大切さも伝えます。

　メモの内容も工夫します。単に連絡だけを書くよりも，豆知

識を書いたり，少しユーモアがあふれるものを書いたりするとよいです。私は，有田和正先生の「おたよりノート」の実践を参考にしています。

2　メモ帳の様式は

　私はいろいろなことに使えるようにするために，無地のメモ帳を使っていますが，他にも，あらかじめ枠を作って印刷して，それにメモをさせるという方法もあります。この様式を印刷して，市販のファイルに綴じ込み，メモ帳として使うのです。この様式は人によって千差万別です。要は，子どもがちゃんと明日の用意や宿題の内容をメモして，忘れなければよいのです。

3　徹底させるには

　メモを書かせたら，ちゃんと書いているかどうかをチェックしましょう。実は，ここが一番大事なのです。ここを怠ると，中にはきちんと書かずに済ませてしまう場合があるのです。先生が黒板に書いたとおりに，漢字もちゃんと使って，一字一句間違いなく書いているかどうか，確かめます。合格した子にはハンコを押します。ちゃんと書けていない子は書き直しです。最初に合格してしまった子は，まだ書けていない子を応援します。ここを適当に見過ごしてしまうとその後が徹底できません。初日は時間がないかもしれませんが，メモを書く分の時間をとって徹底させましょう。

学級開き入門

【1日目】
宿題と帰りのあいさつ

1 宿題は

　1日目の宿題はどうしましょうか。最初ですからね。普通に出すのも芸がないなあと思います。ここは一つ，印象的で子どもが喜びそうな宿題を出しましょう。

　私は「先生のことを家の人に話す。」ということを宿題に出します。これは，子どもは大喜びです。お家の人にとってもいいことです。何せ，親は今度の先生はどんな人なのか興味津々だからです。担任のことを子どもが進んで話してくれたら，「へ～，今度の先生はおもしろそうだねえ。」と思うでしょう。それもこの宿題のメリットです。

　次の日には，必ず『昨日の宿題をやった人！』と聞きます。子どもは「うん！やった，やった！」と元気に答えてくれます。（やっていなくても，まあこれは良しとしましょう。）

2 帰りのあいさつは

　さあ，初日の締めくくりです。元気よく，気持ちよくさようならを言って帰りましょう。最初の日ですから，号令は先生がかけた方がいいですね。『さあ，〇年生の最初の"さようなら"

です。元気よく，気持ちよく言いましょうね！』と言うと，初日なのでたいてい言うことを聞いて，大きな声でさようならを言います。『用意はいいですか？はい，まずは深呼吸して〜，吸って〜はいて〜。さあ，行くよ！』ここまでもったいぶると，さらに大きくなるでしょう。

　これだけでもいいですが，ここも一工夫します。事前に，『挨拶をした後に，先生と握手をするか，ハイタッチをするかして帰りましょう！』と話しておくのです。すると，その子の気持ちがハイタッチに表れます。思いっきり，手が痛くなるくらいハイタッチする子，そっとやさしくする子，ゆっくり握手する子，それぞれの反応が返ってきます。これをしっかりと観察しておきましょう。（ごく稀に，知らんぷりして帰る子もいます。本当に嫌がっているのか，あえて注目させようとしているのかを見極めましょう。）

　この他にも，山口県の中村健一氏のネタで，「先生とじゃんけんして3回勝ったら帰る。」というものがあります。①1回勝ったら座ったままランドセルを背負う。②2回勝ったら教室の後ろに立つ。③3回勝ったら，先生のところにきて「さようなら」と言って帰る。これを，全員が勝つまでやる。というものです。単純ですが，これも盛り上がる帰り方です。

　余談ですが，私の担任したクラスでは，1学期，2学期，3学期の締めくくりや，大きな行事が終わった後には，三本締めをやります。『よーぉっ！』でチャチャチャン，チャチャチャン，チャチャチャンチャン，と3回やって，大きな声で「さようなら！」。これで終わった感，満載です。

クラスの状態で学級開きは変わる

いろいろなパターンがある

　この本では基本的に，クラス替えがあって，担任も替わったということをイメージして話を進めています。でも，「学級開き」と一概に言っても，クラス替えのある・なし，担任が替わる・替わらないによって，若干変わってきますね。それから，前年度に学級崩壊している場合もあったりするとやり方も変わってくるでしょう。

クラス替えなし，担任も替わらない場合

　この場合，教師も子どももお互いをよく知っているというメリットがあります。昨年度，クラスのシステムが機能していれば変える必要もありません。しかし，逆にマンネリになりやすいパターンでもあります。

　この場合は，昨年度よりも一段レベルを上げていくことを明言します。クラスを進化させるためにどうするのかを子どもたちと一緒に考えていきます。例えば，クラス内のルールはどうか，係活動はどうか，掃除当番・給食当番のやり方はどうか，一つ一つについて話し合って改良していくのです。

クラス替えなし，担任は替わる場合

　担任だけがクラスの新しいメンバー，というパターンですね。この場合，二通りのことが考えられます。一つは，昨年度，クラスがうまくいっていて状態がいい場合，もう一つはクラスがうまくいっていなくて状態が悪い場合です。

　昨年度にうまくいっている場合は，やみくもに自分の考えでシステムやルールを一新すると，子どもたちが不適応を起こして信頼をなくすことがあります。「あー，去年の方がやりやすかったなあ。」と子どもたちが考えるかもしれません。

　私は一度，昨年度の担任の先生が大好きだった子どもたちを担任したことがありました。その時，自分の考えでシステムを変えていったら，やはり子どもたちが「去年の方がやりやすかったなあ…。」とつぶやくのが聞こえ，これは失敗したなあと反省した経験があります。

昨年度崩壊している場合

　昨年度崩壊している場合は，まずは，ルールを確実に守らせることです。これも，最初が肝心です。毅然として守らせましょう。「神は細部に宿る。」と言います。崩壊しているクラスだからこそ，細かいところにこだわるのです。

　また，子どもたちは，心が冷えているので言動が殺伐としています。ほめたり，一緒に遊んだりすることで少しずつ変わってきます。そこをとらえてまたほめる。もっと遊ぶ。これを繰り返していくことで，クラスの雰囲気は確実によくなります。

　私も何度か崩壊学級を担任したことがあります。とにかく最

初は，休み時間のたびに外に出てドッジボールをしたり，教室でトランプをしたりしました。それから，ルールをきちんと紙に書いて貼り，今日は守れたかどうかを頻繁に振り返りました。初めのうちは，やんちゃな子たちとの戦いもありました。子どもたち同士のトラブルがたくさんあり，毎日，家庭に電話連絡をする日々でした。
　でも，1ヵ月が過ぎ，クラスのシステムが機能し始めて，授業中のルールも定着してくると，殺伐とした空気が消え，笑いも起こるようになってきました。
　ルールを確実に守らせ，妥協しないことで生活に秩序が生まれます。また，遊びや雑談の中で子ども自身の見えなかった面が見えるようになります。そうした時間の中で，教師と子どものつながりが強まっていくのです。崩壊学級にはまずルールと遊び。これが私の得た教訓です。

第3章

2日目〜3日目

　勝負のときです。ここでクラスのシステムとルールを確立します。ここまでの3日間は，どんな子どもでもだいたい言うことを聞くので，ここで子どもの心を一気につかむことが1年の学級づくりの成功につながります。

学級開き入門

【2日目～3日目】
並び順を決める 整列の仕方を教える 机，いすのサイズを合わせる

1 並ぶことは多くある

　朝の会，体育，行事，特別教室への移動…。学校の教育活動の中で，整列することのなんと多いことか！並び順をきちんと決めておくのは大切なことです。できるだけ早く決めておきましょう。2日目の朝がいいでしょう。

　最初は，『教室の後ろに，大体の背の順に一列に並んでみてください。』と言って並ばせます。並ばせてみて，前から順番に確認していきます。ここを手早くやります。「自分の方が大きい！」と，背の順で言い争いになることはよくあります。クラスのメンバーによっては，けんかが起きることもあります。さっと比べて，すぐに「ん～君は前！君は後ろ！」と並べていきましょう。

2 整列の仕方を教える

　並び順を決めたら，2列での並び方を教えます。最初に1列の状態で，1，2と番号を言わせていきます。最後まで言ったら，2と言った人は1の人の右隣に来るようにします。これが2列での並び方になります。そして，誰が隣になっているのか

を覚えておくように言っておきます。2列での並び方で意外と混乱する子どもがいるのです。

　それから，欠席が出た場合はその分を詰めるように言っておきます。これも最初に確認しないと，そのまま前に詰めたり，並び順が逆になったりする場合があるからです。

3　机・イスを合わせる

　机やイスのサイズは，身長に合っているでしょうか。ごくまれに全部の机やイスが同じ大きさだったりしますが，ほとんどの場合，サイズはバラバラです。始業式の日は，ただ機械的に名簿順に座っているのでサイズがあっていない子が多くなります。机やイスのサイズが合わないと，姿勢が悪くなったり学習に集中できなくなったりするので，合わせておくことは大切なのです。

　まず，机を教室の後ろにサイズ順に並べていきます。そして，身長の大きい子から順番に大きい机を持っていきます。同じようにイスもサイズ順に並べ，これも大きい子から順番に持っていきます。

　これで合えばいいですが，これでも合わない子が出てきます。その場合は，倉庫などにあるものと交換します。

　『これで，自分の机とイスが決まりましたね。1年間使うものなので，大切に使いましょう。』と話します。そして，机とイスの両方に名前シールを貼っておきます。こうすることで，並び順を変えたときでも誰のものかすぐにわかるようになります。

学級開き入門

【2日目～3日目】
入学式の指導～立ち方，座り方，礼の仕方

1 礼儀作法を指導するいいチャンス

　始業式の日の午後か，次の日に入学式が行われますね。6年生だけ参加する学校もあれば，全員参加するところもあります。（参加するという前提で述べますが，参加しない場合でも機をとらえて指導するべきことです。）

　入学式は儀式ですので，それなりの礼儀正しさが求められます。それなりの指導が必要ですね。ついでにいろいろなことも教えちゃいましょう。

1　立ち方

　①両足のかかとをつけて，つま先はこぶし一つ分開く。
　②肩を後ろに2㎝引く。
　③あごを2㎝上げる。
　④中指を伸ばして，もものわきにつける。

2　座り方

　①イスに深く腰かけ，背中を背もたれにつける。
　②両足を床につける。足の裏全部がつかない時はつま先だけつける。

③男子は手を軽く握ってももの上へ。女子は手を重ねてももの上へ。

3　礼の仕方

①起立の姿勢をとる。
②腰を曲げる。角度を勉強している学年であれば、具体的に45度と伝える。
③「礼」と言ってから「1，2」で頭を下げ、「3」で上げる。
④こちらから「1，2，3」と号令をかけなくてもできるように練習させ、やらせてみる。

　これらのことは、実際にやって見せながら教えます。一度やったら、ポイントを確認しながら何度か繰り返します。よくできた子に対するほめのフォローも忘れずに。

2　式の最中は

　式の最中は子どもたちの出番はあまりないですね。でも、『みんなが頑張ることは、黙って座っていることです。これは、実はとても大変なことです。ですが、いい入学式にするためにとても大事なことです。〇年生らしい態度を見せてください。』と参加態度について話しておきます。
　入学式が終わったら、クラス全員の良かったところをその場でほめましょう。特に姿勢がよかった子は名前を出して、『〇〇〇さんの姿勢がとても立派でしたね！』とほめましょう。

学級開き入門

1 その子を知るために

　さっそく作文を書かせましょう。内容は，「始業式の日のこと」「自分はこういう人です」「先生にお願いしたいこと」この3つについて書かせます。『みんなが昨日どんなことを考えていたのか教えてくださいね。あと，みんながどういう人か知りたいので書いてください。』と，なぜこのタイミングで作文を書くのかを話します。実は，ここが重要で，「なぜ書くのか。」という理由付けをきちんと知らせることで，書く意欲をもたせます。

　持ち上がりのクラスで担任だけ変わった場合は，『どんなクラスなのか，紹介してくれる？』と投げかけ，作文を書いてもらいましょう。昨年，どんなクラスだったのか，また，その子なりのクラスの見方が分かります。これは，けっこう重要な資料になります。

　実際に書くときになると，おそらく，「えーっ」とか「作文苦手なんだよなー。」とか言うでしょう。そこで子どもたちの作文を書く力を見る意味でも枚数を指定しましょう。私は『2枚書きましょう。』ということが多いです。800字です。だいたいこれぐらいだと，短すぎず長すぎず，です。

この作文で，子どもたち一人ひとりのものの見方，考え方，書く力，いろいろな情報が読み取れます。

2　プロフィールカード

　作文の他にも，プロフィールカードを書かせます。これは自分を紹介するカードです。中央に写真を入れて，周りに「好きな食べ物」「好きなこと」「好きなマンガのキャラクター」などを書き入れていきます。これは掲示して，クラスのメンバーに見てもらいます。自分がどんな人なのかを知ってもらうためです。自己開示が苦手でも，項目に書いていくだけなので抵抗感は少ないです。クラス替えがあった場合はもちろん，持ち上がりの場合でも，お互いを知る意味で効果的です。休み時間にはみんな興味をもって見に来ます。

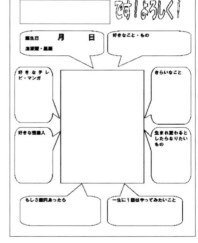

　カードの質問はおもしろいものがいいです。「もし生まれ変わるとしたら何になりたい？」「死ぬまでに１回やってみたいこと」などは，ユニークな答えが書かれる可能性が高いです。

　このカードも，その子の考え方や嗜好が分かりますので，休み時間や給食時間に話しかけるきっかけを作る材料になります。

学級開き入門

【2日目～3日目】
掃除分担を決める

1 まずは班編成から

　座席をもとに班編成をします。これはクラスの人数にもよります。これから先の授業や活動のことを考えて決めましょう。

　グループで学習や当番活動をすることを考えると，一つの班は4～6人が適当でしょう。私は，大体6班編成にします。6班だと，2班ずつ組み合わせて3つのグループにすることもできますし，同様に，3班ずつの2グループにもできるからです。（4班や8班など偶数であればいいでしょう。）

　事前に分担区の掃除の労働量を調べておき，割り振ります。ポイントとしては，人数をやや少なめに設定します。その方がよりまじめに掃除をする傾向にあるからです。例えば，教室掃除は4人ぐらいがちょうどいいです。廊下掃除は2人，トイレ掃除も2人ぐらいが適当です。ですから6人の班だったら，教室と廊下を分担させます。その他の分担についても同様にして人数を決めていきます。

　そして，どの班がどこを掃除するかを決めます。単純にじゃんけんでもいいですが，ゲームで決めたり，あみだくじで決めたりすると盛り上がります。ローテーションの順番も決めます。これは先生が決めてよいでしょう。

2 掃除分担区をまわる

　先生が引率して，クラス全員で掃除の割り当ての場所をまわります。どういうところか，掃除用具はどこにあるのか，どんな掃除用具があるか，どういう手順で掃除をしたらよいのかを知るためです。いずれ，全員が全部の掃除分担区を担当するのですから，全員にきちんと見ておくように話します。

　教室に戻ったら，自分たちの今週の掃除の分担（誰がほうきを使うとか）を決めさせます。決めたらミニホワイトボード（P13参照）に名札を貼って，忘れないようにさせます。そして，これを一日ごとにローテーションしていきます。公平に分担するためです。

3 よりよいそうじにするために

　そうじの技術についても指導します。教室であれば，ほうきの持ち方，ぞうきんのしぼり方，ぞうきんがけの仕方，机の運び方，トイレであれば，水のまき方，ブラシの使い方などです。掃除の時間に実際にやって見せて教えるのが，一番わかりやすいですし，徹底しやすいです。

　それから，ダスキンのサイトに「掃除教育カリキュラム」というものがあります。実際の授業案やプレゼン資料も載っています。これも効果的です。お試しあれ。

学級開き入門

【2日目〜3日目】
⑤ クラス全員で遊ぶ

1 まずは，ドッジボール

　早いうちに全員で遊ぶ時間を作りましょう。遊びであれば何でもいいです。雰囲気がよくなります。できればドッジボールをしましょう。なぜかというと，ドッジボールをすることでクラス内の人間関係が見えてくるからです。

　チーム分けのときに，大勢で話し合って決めているか，または数名の子どもが勝手に決めているか，これだけでも分かります。民主的であるか，一部の発言力のある子の独裁かというクラスのメンバーの中での暗黙のシステムが見えてくるのです。

　また，一部の上手な子のみでゲームが進んでいたら，周囲を考えていないことが分かります。自分がボールを持ったときに，あまりボールを持つチャンスがなかった子にボールを回したり，「○○○くんにも，ボール回せ。」とかいう声が聞こえたりする場合は，昨年までに民主的に生活していた子が多い，ということです。

2 中心人物が見える

　ボールをよく持つ子，提案が受け入れられる子，クレームが

通る子は，大体の場合リーダーです。または，リーダーでなくともクラス内では立場は弱くない子です。

　女子の場合，ボールが当たったときに「大丈夫？大丈夫？」と5，6名の女子からしきりに声がかかったら，その子はグループの中心である確率が高いです。

3　固定グループ・いじめが見える

　内野で逃げるときに，数名で固まっている女子は固定グループだと思ってほぼ間違いないでしょう。誰が先に動いて，誰が後を追いかけているかを見ていると，依存関係が見えてきます。

　パスを回してもらえない子は，下に見られているのでしょう。正しいことを言っているのに反対されたり，受け入れてもらえなかったりする子は，何らかの理由で嫌われている可能性があります。また，そういう正しい行動を受け入れない風土がクラス内にあると判断していいでしょう。

4　クラスへの愛着が見える

　外野にいて，ボールが来ないからと地面に絵描きをしていたり，ボールを一生懸命に追いかけたりしない子は，クラスで遊ぶことの意義を感じていません。自分のクラスが好きな子，好きになろうとする子は，たとえ運動が苦手でも一生懸命に遊ぼうとします。一つのボールの動きをみんなが追いかけ一喜一憂していたら，これから先のクラスづくりは安泰です。

⑥ 【2日目〜3日目】係を決める

　クラスを運営していくうえで，係活動は欠かせませんね。係はなるべく早く決めておきましょう。クラスの動きが活発になります。3日目までには決めておくといいです。

　係を決める前に，係活動の意義について話します。係活動は，「なくてもいいんだけど，あるとクラスの生活がよくなるもの」です。給食や掃除などのように必ずやる必要がある当番活動とは違います。ここの「クラスの生活がよくなる」というところがポイントです。クラスの目指すところは「自治」ですから，自分たちでよくしていくのだ，という態度を育てることは大切なことです。

　さて，係活動の決め方ですが，これにはいろいろあります。

1　係を列挙して希望者で決める

　まず，クラスに必要な係を出していきます。子どもたちに言わせていった方が，自治的な雰囲気を作り出しやすいです。具体的にどんな仕事をするかも発表させます。仕事内容がはっきりしないと，係が決まってしまってから，「え，この係は何をするの？」という問題が起こってしまいます。ですから，何のためにどんな仕事をするのかをはっきりさせておくことは大切です。

子どもが出す係は，昨年までやったことがあるものが多いでしょう。発想に乏しい部分もあるかもしれません。ですから，教師の方でもあった方がいいと思う係を出していきます。そのうえで話し合って係のラインナップを決めます。その後，その係をする人数も決めます。かっちりと何人と決めてもよいですが，大体何人ぐらいとしておくと平和的に決められます。クラスの人数と仕事内容にもよりますが，一つの係に３～５人いるとよいでしょう。

　そして，その係の希望者を募り決めていきます。希望者が多くいる場合は，譲るかじゃんけんで決めます。

　この方法のよいところは，一つの係を数人で協力しながらできることです。分担を話し合ったり，誰かが欠席した時には他のメンバーがそれをカバーできたりします。反面，仲良しグループになってしまったり，責任の所在があいまいになってしまったりすることがあります。

2　一人一役

　一人が一つの役割を果たすというやり方です。どんな仕事があるか，子どもたちと話し合いながら出していきます。人数分出すところがポイントです。仕事量が多い役割は，２人か３人にします。役割が決まったら，希望者を募り決めていきます。希望者が重なった場合は，譲るかじゃんけんで決めます。

　この方法のいいところは，責任の所在がはっきりするところです。ネームプレートを作り，仕事をしたらひっくり返す，とい

うやり方にしておくと，係の仕事をしたかどうか一目瞭然です。反面，一人一役といっても，どうしても仕事に軽重が出てしまったり，欠席した時に誰か違う係の子どもがやらなければならないということが起きてしまったりします。また，仕事内容がかっちり決まっているので創意工夫しにくいという面もあります。

3 仕事をし始めた人から係になる

　係活動は自主的な取り組みが大事です。その自主性を生かした決め方もあります。最初に次のように話します。『クラスの係には，仕事をがんばって先生に認められた人からなれます。仕事をした場合は，先生に報告してください。一週間以内に全員何かの係になってください。』

　そうすると，どんなことができるかを考え始めます。いろいろな係活動（仮）が始まります。大体は無難なところで，準備運動をする係や，黒板を拭く係などから始まっていきます。次第に，お笑いをする係とかイラストを描く係などのユニークな係も誕生してきます。

　最初に決まった子はリーダーになります。決まったら，画用紙に『準備運動：Ａくん』というように書いていきます。クラスで最初に係が決まると，歓声やどよめきが起こり，他の子もがぜん張り切るようになります。次にその係をやりたいと申し出た子は，先生に認められたうえでリーダーからもＯＫをもらわないと係になれないというルールにしておきます。最初に見つけた子どもの自主性を尊重するためです。

この方法のよいところは，実績を作らないと係になれないというところです。実績を作るためには継続して活動する必要があります。こうすることで自主的な取り組みが促されるのです。また，クラスの生活をよくするために，自分は何ができるのかをまじめに考えるようになります。
　反面，全員が決まり，係活動が軌道に乗り始めるとだんだん最初の意欲が薄れていってしまいマンネリになってしまうこともあります。

4 ちなみに

　歴代の佐々木学級では次のような係がありました。
　ゲーム係　　：朝の会でゲームをする。
　情報係　　　：今日の星占いやゲームの発売日などを伝える。
　お笑い係　　：朝の会で漫才やショートコントをする。
　イベント係：クラスのイベントを企画・運営する。
　教室飾り係：教室に季節感が出るような飾りをする。
　イラスト係：イラストを描いて教室に貼る。
　マンガ係　　：４コマ漫画を描いて教室に貼る。
　スポーツ係：スポーツの情報を伝えたり，スポーツのイベントを行ったりする。
　ちょっと変わった係を挙げましたが，もちろん時にはごく普通の「図書係」「整列係」が存在したこともあります。最初にも書きましたが，要は，「クラスの生活がよくなる」ような仕事をする係であればいいわけです。

学級開き入門

【2日目〜3日目】
大事なことを話す

1 自分の願いを語る

　二日目に先生が自分のポリシーを語る場面を作りましょう。一日目はそんな余裕がないでしょうし，子どもも緊張しているので，このタイミングが子どもにいちばん浸透しやすいのです。

　こんなクラスにしたい，こんな人になってほしい，自分が思っていることを真剣に話しましょう。二日目であれば，子どももまだ集中して聞きます。このチャンスを逃してはいけません。

　担任した学年によっても違いますが，私が話すのは「自立すること」です。「自分で考えて行動する人になろう。」「自分で自分を伸ばせる人になろう。」「自分たちで考えてクラスのためになることをしよう。」表現はいろいろですが，話す内容は一つ。強く印象に残るように，板書しながら話します。

　そして，話すだけではいけません。その話の後に，自分で考えて行動した子を見つけてほめるのです。『移動の時に自分で並んだね。』『教室の電気をつけてくれたね。』そんな些細なことでいいのです。『○○○さんは，こういうことをしていました。これも自分で考えて行動していることの一つです。』良い行いは紹介するとよいのです。先生は口だけでなく，言ったことを常に思っているのだ，ということを子どもに知らせるのです。

2 約束事を言う

　二日目ぐらいになると，ちょっとしたトラブルや心無い言動があったりするものです。それをとらえて，約束事を言います。私の場合は，次のことを毎年話します。

　『どんなにケンカしても，どんなに頭にきても言ってはいけない悪口があるんだけど，わかるかな？』

　「死ね。」「ばか。」「消えろ。」

　『それも確かに悪いんだけど，違います。』

　その後も子どもたちがいろいろ言いますが正解しません。

　『では，教えます。一つ目は「体の悪口」です。太っている人にデブとか，身長が低い人にチビとか言うことです。二つ目は「名前の悪口」です。「土井」という人を「ど田舎」と言うように名前を少し作り変えて呼んだりすることです。三つ目は，「家族の悪口」です。「おまえの母ちゃん，変なのなあ。」「あんたの兄ちゃん頭悪い？」とか言うことです。なぜ，いけないか？というと，これらのことは，本人ががんばってどうにかできるものではないからです。これらの悪口は絶対に言ってはいけません。もし，言った人がいたら先生は許しません。みんなも許してはいけません。』

　このように，何かトラブルが起きたりしたときに一つ一つ約束事を決めていくと，子どもの困り感に合わせたルール作りができていきます。

学級開き入門

【2日目〜3日目】
日直の仕事・号令のかけ方

1 日直をする人は

　日直は当番で回していきます。一人でも，二人でもいいですが，一人にした方が責任の所在がはっきりして分かりやすいですね。順番は，出席番号順の方が分かりやすいです。席順にすると，席替えをしたときにややこしくなります。

2 日直の仕事は

　日直の仕事は指導要領に決められていません(笑)。何をしてもいいのです。クラスの生活をスムーズにするために必要なものを行っていきましょう。第1章の17ページにもありますが，日直の仕事として以下のことを定めています。
○朝の会の司会
○「おはようございます」の号令
○1〜4時間目のあいさつの号令
○「いただきます」のあいさつ（12：35）
○「ごちそうさま」のあいさつ（12：55）
○5〜6時間目のあいさつの号令
○帰りの会の司会

○次の日の日付と日直を書く。

　これを確実に行わせるために表示を使います。それを見て子どもが仕事を確認していきます。

3　号令のかけ方

　私のクラスでは，朝と帰りのあいさつは立って行います。授業の最初と最後の礼は座ったままで行います。その方が，座った時の姿勢がよくなるし，時間の短縮になるし，雰囲気が締まり，けじめがつきやすいからです。

　日直の号令は次の通りです。
　①「注目。」（ここで，背筋を伸ばし，手をももに置く。）
　②「これで，○時間目の勉強を終わります。」
　③「礼。」

　高学年の場合，②を省いています。シンプルでいいですよ。子どもたちには，『5秒で終わるよ。』と言っています。

4　楽しくあいさつ

　私のクラスでは，朝と帰りの挨拶は日直が言ったとおりに言う，というルールがあります。日直にはその権限が与えられるのです。すると，おもしろく挨拶をしようと知恵をしぼるようになります。「さよう奈良の大仏！」「では，さらばじゃ！」

　毎日，こんな挨拶ではありませんが，楽しい気分で帰ることができます。

学級開き入門

【2日目〜3日目】
⑨ 給食のやり方を教える

　ここでは，おそらく日本全国の多くのクラスで行われている「カフェテリア方式（並んで一人ずつもらう方式）」で話を進めます。

1　準備

　給食の時間になりました。子どもたちはそれぞれ給食着に着替え始めますね。ここで，そのままにしておいてはいけません。指示を出しておきます。

　『給食着に着替えたら，石けんで手を洗い，席に座って静かに待ちます。○○分までに座りましょう。』ここで大切なのは手順と，時間です。「○○分まで」ということで行動のスピードを考えさせるのです。

2　並び方

　並び順でもめることはけっこう多いです。横入りしたとかしないとか。並ぶ順番は，静かに座っている班からにします。これを判断するのは日直です。配膳の準備ができたことを当番に確認し，「○班さん，どうぞ。」と呼んでいきます。

3 配膳

　配膳の方法について指導します。当番の子どもだけではなく，全員に教えます。

　牛乳やデザートを当番が席をまわって配り，その他のものは一列に並んでもらうようにします。配膳台の上には，①お盆，②はしやスプーン，③ごはんかパン，④おかず，⑤汁物，の順番に並べます。教室の構造によって，右からでも左からでもいいですが，全部もらい終わる場所がせまくならないように配慮します。

| おつゆ | おかず | ごはん | はし | おぼん |

　ごはん，おかずとおつゆのところに当番の子を一人ずつ配置します。おぼんやはしは自分で持っていってもらうようにします。おかずと汁物を盛る子どもには，最初に一人分の量を盛って見せておきます。こうすることで，最後に足りなくなったり，余ったりすることが少なくなります。盛ったものを次々と台の上に載せて，それを持っていってもらうようにすると時間が短縮できます。盛る係の子に「多くして。」「少なくして。」「嫌いなものを入れないで。」などのリクエストは一切禁止とします。

4 給食を最初に渡すのは

　給食を渡す順番については，次のように話しています。
　『給食は最初に先生に持ってきます。先生が早くもらって，

早く食べたいからではありません。なぜかというと,このクラスの中で,一番年上だからです。このように,物を配る時には目上の人,つまり年上の人から配ります。そうすることが礼儀です。覚えておきましょう。』

すると,「じゃあ,次に渡すのは誕生日が早い人ですか?」という質問が出ます。でも,そうではありません。

『次に渡すのは,給食当番の人です。自分の分をもらえないからです。みんなのために働いていて,最後になってしまうのはおかしいですよね。』

このように,配膳をする中で社会での礼儀や思いやりについても指導することができます。

5 食べるときには

全員の給食がそろいました。日直の号令で「いただきます。」のあいさつをします。ここでも,給食当番の労をねぎらいます。私のクラスでは次のように言います。(　)内は全員が繰り返します。

「給食当番のみなさん,ありがとうございました。(ありがとうございました。)手を合わせてください。(全員手を合わせる。)いただきます。(いただきます。)」

6 おかわりルール

最初の給食の時に,必ず子どもたちから質問が出ることです。

それは「おかわりしてもいいですか？」です。

　全部食べ終わった人からおかわりできることにすると，食べるのが速い子だけがおかわりできることになってしまいます。そうすると，おかわりがしたくて急いで食べる子が出てきてしまいます。かといって，自由におかわりさせるわけにもいきません。

　私のクラスでは次のようにしています。おかずのおかわりを例にします。

①自分がおかわりしたいおかずを全部食べ終わっている子ができる。

②最初の人は「〇〇〇のおかずをおかわりしたい人はいますか？」と聞く。おかわりしたい人は手を挙げる。

③残っているおかずを，挙手した人数で分けたときにどれぐらいの量になるか見当をつけて自分の器に盛る。

④残すものがある人はおかわりをする権利がない。

⑤分けることができないもの（デザートなど）は，おかわりしたい人でじゃんけんをする。

　こうすると，食べるのが遅い子でも公平におかわりをすることができます。「物を分けるときには公平になるようにする。」という考え方を浸透させることの一助にもなっています。

7 お残しルール

　同じように，質問されることが「残してもいいですか？」です。食物アレルギーでもない限り，全部食べるように指導して

いますが，中には生まれつき食が細かったり，どうしても食べられないものがあったりする場合があります。昔のように，全部食べるまで昼休みも５時間目もずっとそのまま，なんていうことはできませんね。

　お残しルールは次のようにしています。
① 量が多い場合は，手を付ける前に先生に断って食缶に戻す。（こうすると，おかわりしたい子が食べられる。）ただし，半分以上は絶対食べる。
② どうしても食べられないものは，先生に断わって戻す。これも半分以上は食べる。ただし，一品のみとする。

　安易に残すことは避けなければなりませんが，全員が全部完食するのを毎日続けるのも困難です。もちろん，栄養をバランスよくとることや，食べ物は他の生き物の命をいただいていること，作った人の願いなどについても指導して，残食を減らすように努力させることが前提です。このことを踏まえたうえでのルールであることを理解させる必要があります。

8　下げるとき

　「ごちそうさま」のあいさつをする時刻は決めておきます。このときになったら，とりあえず全員であいさつをします。この後，食べ終わっている人は下げます。食べ終わっていない人は引き続き食べます。

　下げるときに注意させることは，次の通りです。
① 器に食べ物を残さない。（例えばごはんつぶをつけたままに

しない，汁を残したままにしない。）
② ゼリーなどの空容器は重ねる。
③ 果物の皮は食缶のはじに寄せて入れる。
④ 残す場合は，しゃもじやおたまを使って食缶に戻す。

　下げる順番は配膳の時の反対にします。配膳台の最後にごみ箱を置いておくと効率的です。

9 別な方法

　「カフェテリア方式」ではない方法もあります。おぼん，おかず，おつゆをそれぞれ分担して運ぶという方法です。
① あらかじめ，全員を配膳チーム，おかずチーム，おつゆチーム，牛乳・デザートチームというように分けておく。
② おぼんをまず全員の机の上に配る。
③ 盛られたものをチームごとに運んでおぼんの上に載せる。

　列に並ぶ手間が省けるので，このやり方の方が速い，という場合があります。

　いずれにせよ，給食は公平に，効率的に食事のマナーを身につけることを意識して行うことが大切です。

学級開き入門

【2日目〜3日目】
⑩ 朝の会

1 朝の会の指導

　朝の会の目的は，クラス全員で一日の始まりを気持ちよく迎えることです。緊張感と笑いで雰囲気をよくしましょう。

　朝の会の司会は日直がしますが，最初は先生がやって見せましょう。特に低学年の場合は，一巡目が終わるまでは，先生がサポートしながら進めるとよいです。プログラムは日直から見やすい場所に掲示しておきます。

　司会の話し方の悪い例として，体言止めがあります。これは，普通の文章で話すように指導します。「係からの連絡。」というのではなく，「係から連絡はありませんか。」と。「先生のお話。」ではなく，「先生のお話です。先生お願いします。」というように。

2 朝の会のプログラム

　朝の会の時間はどこの学校でも大体10分〜15分ですね。プログラムはどのようなものがいいでしょうか。私のクラスの場合，次のように進みます。

〈1　朝のあいさつ〉

　入学式の指導でもふれましたが，立つ姿勢を指導します。挨

拶の声は必要以上に出させることはしません。はっきりと言えればそれでよいです。

〈2　朝の歌〉

　月に一回ある音楽集会で歌う「今月の歌」を練習します。一つだけ短く歌唱指導もします。（例：「ここで息を吸って声を出しましょう。ここは7拍伸ばします。」）

〈3　お知らせ〉

　係などから，全員に知らせたいことを話します。朝のうちに連絡した方がいいことをここで話します。（例：「今日の理科は理科室で行います。」）

〈4　3分間ゲーム〉

　3分間でできるゲームをします。朝のどんよりした空気が一気に明るくなります。詳しくは第7章参照。

〈5　先生のお話〉

　健康観察，今日の予定，ためになるお話，最近の生活の様子などを話します。健康観察は，一人一人に声をかけるチャンスとして有効に活用しましょう。（例：「そっか，頭痛いのか。ひどくなったら，先生にすぐに言ってね。」「昨日，試合どうだった？」「いつも元気な返事がいいね！」）

3　雰囲気を明るくするコツ

　空気を温めるコツとして，拍手をする，があります。「これから，朝の会を始めます。礼。」の後に，拍手をします。これだけでもずいぶん違います。ぐっと雰囲気が明るくなります。

学級開き入門

【2日目〜3日目】
帰りの会

1　帰りの会の指導

　帰りの会の目的は，クラス全員で一日の終わりを気持ちよく迎えることです。今日も来てよかったな，明日も楽しみだな，と思えるようにしましょう。

　朝の会と同様に，日直が司会をします。話し方の指導も朝の会と同じようにやります。

2　帰りの会のプログラム

　帰りの会の時間はどこの学校でも大体10分ぐらいですね。私のクラスの場合，次のように進みます。

〈1　クラスの歌〉

　月ごとにみんなで歌いたい曲を決めて歌います。今流行の曲でもいいことにします。候補曲を出させるときには，歌詞の内容がクラスで歌うのに適しているか，ということに気をつけさせます。

〈2　クラス目標の振り返り〉

　一日を振り返ってクラス目標の中の何が達成できたか，挙手をして発表します。この時点では，まだクラス目標は決まって

いないので,『こういうことをします。』という説明だけしておきます。（P90「クラスの目標を決める」の項参照）

〈3　お知らせ〉

　係などから，全員に知らせたいことを話します。みんながやってくれて助かったことなども話すようにするとよいです。（例：「整列の時にきちんと号令を聞いてくれたのでよかったです。これからも続けてください。」）

〈4　先生のお話〉

　今日よかったこと，ためになるお話，帰り道や，家に帰ってから気をつけてほしいことなどを話します。大抵の場合，子どもたちは早く帰りたがっていますから，手短に話します。

〈5　帰りのあいさつ〉

　立つ姿勢，あいさつの声の大きさを指導します。あいさつの前にランドセルを背負ってしまう子がいたりするので，あいさつが終わってから背負うように話します。また，頭を上げる前に背負ってしまう子もいるので，あいさつは頭を上げるまでだということも付け加えます。

3　あいさつのあとで

　さて，あいさつが終わりました。これで終わりにしません。あいさつが終わった瞬間『せーの，じゃんけんぽん！』とじゃんけんをします。子どもたちは突然のことにびっくりしても，じゃんけんはします。そして「勝ったー！」「あ〜負けた〜。」とか言いながらも，何か楽しげに帰っていきます。

学級開き入門

【2日目〜3日目】
帰りの用意・メモを書く

1 帰りの用意

　帰りの会の前に，帰りの用意の指導をします。上の学年になっても，最初はきちんと教えましょう。

　まずは，プリントなどの配布物をきれいに入れること。100円ショップで売っているようなクリアホルダー（100円で10枚ぐらいのもの。）を学級費で購入して一人ひとりに渡し，配布物はそれに全て入れさせます。

　次に，教科書やノートをそろえて入れること。机の上にそろえた状態で置くように指示します。その後，ランドセルの背中に近い方から大きいものを入れていきます。それは，ランドセルの構造上，その方が大きいものが曲がりにくいからです。

　そこまでやって，机の中をチェックさせます。基本的には「空」にします。のちに，はさみやのりを入れるケースを残しておいたり，辞書を入れたままにしたりしますが，置いておく必要のないものは入れて置かないようにさせます。

2 明日の用意・宿題のメモをとらせる

　明日の持ち物や，宿題の内容はメモを取らせるようにします。

忘れ物対策として有効です。メモ帳は，何でもいいですが，はがすことを前提としているようなものは使わせません。

メモに書く内容は，先生が板書します。これを子どもたちに写すように指示します。書く内容は，連絡的なことだけではなく，「今日は〇〇〇の日です。」という豆知識も書くといいです。子どもたちは，ちょっと物知りになった気分になります。また，まじめな言葉だけでなく，ちょっとジョークも入れるとメモを書くのが楽しくなります。

そして，ここが肝心です。書き終わった子には，持って来させ，ちゃんと書けていれば合格の意味でハンコを押します。板書の通り書けていない子どもには，書き直しをさせます。これを最初に徹底しておくと，メモを確実に書くようになります。

3　今日の振り返りを書く

メモの方を簡素化して時間を短縮し，その分，一日を振り返って出来事や思ったことを書く，という活動もあります。これには，別なノートが必要です。書く時間は5分程度とします。書いたノートは回収し，先生がコメントを入れます。子どもたちの考えや出来事の見方を知ることができ，子どもたちとつながるツールとして有効です。

学級開き入門

【2日目〜3日目】
学習のルールを教える

1 基本的なことを

　二日目，三日目になると授業も始まりますね。このときに基本的な学習のルールを教えます。学校によっては統一されている場合があるので，確認しておきましょう。

2 机の上は

　机の左側に教科書，右側にノートを置かせます。左利きの子はこの逆です。ノートは折らずに使わせます。ノートがぼろぼろになるからです。鉛筆，消しゴム，定規，赤ペン，青ペンを出し，筆入れはしまいます。筆入れがあると，表面のイラストや中に入っているものに気を取られ，学習に集中できない場合があるからです。

　準備ができたかどうかを確認します。自分で確認させるだけでなく，『隣の人がきちんとできたかどうか，確かめましょう。できていなかったら教えてあげましょう。』と声をかけて徹底します。

3 ノートに書く

　基本的に板書はノートに書かせます。
　『書くときは、鉛筆の先から煙が出るぐらい速く書くのです。』とは有田和正先生の言葉。もちろん、実際に煙は出ませんが、それぐらい集中して速く書くのだ、という意識づけになります。
　まずは、『先生と同じスピードで書くようにします。』と、声をかけてから書き始めます。先生の陰になって黒板の字が見えにくくなってしまう位置に座っている子どものために、板書を声に出して書くといいです。初めてなので、なかなかついてこられない子もいるので、最後の方はゆっくり書いたり、最後の文字に時間をかけたりして遅い子も間に合うようにします。『書けましたか？』と聞いたとき、全員の手が挙がるようにするのです。

4 発言する

　手を挙げるときには、『天井に指が刺さるように挙げなさい。』と教えるときもありますが、ここ近年は『周りの人に見えるように挙げなさい。』と教えています。何のために手を挙げるかというと、自分は意見がある、ということを周りに知らせるためだからです。ここでも、行動には目的があることを意識させます。
　発言するときには、必ず文章で言うことを心がけさせます。最後に「～です。」「～だと思います。」をつけさせることです。いずれ、話合いに発展させていきますので、最初の段階としてまず徹底させるのです。

学級開き入門

【2日目〜3日目】
提出物の礼儀・お客さん へのあいさつ

1 提出物を出すときは

　提出の仕方にも礼儀があることを教えます。

　例えば，授業時間に先生に丸を付けてもらうためにノートを出すとき。どうやって出させますか？

　見やすくなるように先生の方へ向ける。そうですね。でも，それだけ？黙って出させていますか？ここは「お願いします。」と一言添えることを教えましょう。

　一般社会で何かを提出するときに黙って出すのは，礼儀を欠いています。一般社会で行われることは，教室でも行うべきなのです。もちろん，丸を付けてもらったら，「ありがとうございます。」ですね。この「お願いします。」「ありがとうございます。」を徹底するだけで，人にものを出すときの態度が変わってきます。

2 宿題を出すときは

　これは，宿題を出した次の日に必ず指導すべきことです。まずは，入れるかごを準備します。人によって宿題の種類は違うでしょうが，ドリル等の冊子だったり，プリントだったりする

のはほぼ変わらないでしょう。

　冊子は，そのページを開いて提出させます。向きも揃えさせます。見る人が見やすいようにする，ということを理由として教えます。プリントについても同様です。向きをそろえて出すということ，それから，プリントの場合は端がそろわなくなりがちです。途中で気がついた人にはそろえるように，と話します。

　これを２，３日話題にして，「今日もきちんとそろっていたね。」とか「○○○さんが，プリントをそろえてくれたね。」とコメントをつけます。これで大体１年間大丈夫です。

3 お客さんへのあいさつ

　教室に他のクラスの先生が来たり，保護者の人が来たりすることがありますね。そういう時に，きちんと挨拶できるような子どもにします。

　『社会では，人に会ったときに必ず挨拶をします。お客さんならなおさらです。教室に来た人はみんなお客さんです。入ってきたときや，入り口から見えたときに挨拶をするのですよ。』と，まず話しておきます。でも，話しただけでは定着するはずもありません。お客さんが来たときに最初に挨拶をした子を見つけてほめるのです。

　『今，最初に挨拶した人誰かな？○○○さん？そう，えらいねえ～！！』

　これで，次からは見つけた瞬間に挨拶をするようになります。

学級開き入門

【2日目～3日目】
子どもと遊ぶ

1 休み時間は

　新学期が始まって慣れないことばかりだし，いろいろやることもあって，この時期はいつも以上に疲れます。休み時間になったら職員室で休みたいところですが，ここは無理をしてでも子どもたちと遊びましょう。何といっても，子どもとの距離が近くなります。授業中には見せない顔を見せることがあります。早期の子ども理解のためにも，休み時間は進んで子どもと遊びましょう。

2 まずは外で

　活動的な男の子のハートをつかむことは重要です。それをねらって，まずは外で遊びましょう。男性の先生はサッカーなどがいいですね。女性の先生でもドッジボールなどやってみましょう。上手でなくても，先生が遊んでくれることを子どもたちはとても喜びます。『上手だねえ。』『すごく速いボールを投げるねえ。』とか言うと，なおさらです。
　最初から，『休み時間に，ドッジボールやろう！』と声をかけて遊びに出るのも手です。全員でなくても，きっと多くの子

どもが誘いに乗ってくるでしょう。

3 中で遊ぶ

　一日のうちで，中休み（２時間目の後の20分程度の長い休みがありますよね。）は外で遊んだら，昼休みは教室で遊びます。これでバランスをとるのです。外でばかり遊んでいると，中で遊んでいる子どもとつながるチャンスが少なくなります。特に高学年の女子は中にいることが多いです。こことつながっておくのは重要です。

　例えば，トランプがいいです。トランプは遊びの王様です。いろいろな遊び方があります。単純なババ抜きでも盛り上がります。それから，ただおしゃべりをするのもいいです。

4 遊んでいない子と遊ぶ

　外と中で遊んでも，遊びの輪に入れない子もいますね。そういう子に『〇〇〇ちゃんもいっしょに遊ぼう？』と声をかけて遊びの仲間に入れましょう。大抵の場合，入りたいのに入れない子ですから，先生というクッションがあることで遊びには入れることが多いのです。新年度になり，ちょっと気分も新しくなっているのでいいチャンスです。

　でも，決して無理強いしてはいけません。遊びに入れない深いわけがあるかもしれないからです。まだ，二日目ですから，じっくり様子を観察して作戦を考えましょう。

縦糸・横糸論

織物モデル

　横浜の野中信行先生や，北海道の横藤雅人先生が提唱しているものに，「織物モデル」があります。これは子どもとの関係を織物にたとえたものです。縦糸は教師と子どもの上下関係を基礎とする関係づくり（しつけや返事，敬語，ルールなど）です。横糸は教師と子どもとのフラットな心の通い合いを表しています。織物は両方の糸を同じように張ることでいい織物にすることができます。野中，横藤の両先生は，学級経営をこの縦糸横糸にたとえ，両方をバランスよく張ることで学級がうまくいくようになると述べています。

　クラスの場合は，縦糸を張りすぎると，指導をすることが強くなり子どもとの関係が冷えてしまいます。横糸を張りすぎると，ルールが守られずクラスが荒れます。両方を同じように張ることで，教師と子どもの関係が適切なものになっていくのです。

学級開きでもバランスよく張ることが大切

　学級開きでも，同じように縦糸と横糸のバランスが大事です。ルールを定着させて，クラスに秩序をもたらすことも大事です

し，子どもといっしょに遊んだり笑い合ったりすることも大事です。

この本の内容で，縦糸に当たる部分を見てみましょう。
○物の渡し方　はい　どうぞ（P40）
○礼儀作法を確認する（P52）
○提出物の出し方　丸付けの礼儀（P82）
○学習規律（P80）

だいたいこういうものがあります。クラスのシステムを機能させるものや，集団生活のルールがほとんどです。

横糸に当たる部分は
○自己紹介をする（P30）
○子ども同士をつなぐアクティビティ（P34）
○帰りのあいさつ　ハイタッチ　握手（P44）
○クラス全員で遊ぶ　ミニゲームをする（P58）
○子どもと遊ぶ（P84）

といったものです。「今度の先生はおもしろそうだな。」「いっしょに何かしてくれそうだな。」という，子どもの心を何か温めるものです。また，子ども同士をつなぎながら，先生ともつながる，というものもあります。

どちらを先に張るか

学級開きの際は，もちろんどちらも必要なのですが，どちらかと言えば横糸を先に張っていくとよいでしょう。というのも，子どもたちが「この先生の言うことを聞いてもいいな。」と感じるのは，やはり，心の通い合い・信頼関係があるからですよ

ね。それがないと，指導（縦糸）も入りにくくなります。そう考えると，やはり心の通い合い，即ち横糸を先に張っていく必要があるのです。（実際，この本でも，まず自己紹介で，横糸を張るようにしています。）

自分の強みを生かしてつながる

　横糸を張って子どもたちとつながるためには，ぜひ，自分の強みを生かしましょう。運動の得意な人は外遊びで。私の知っている先生は，問題行動の多い子どもと，自分の得意なサッカーでつながることに成功しました。おもしろい話が得意な人，ギターが弾ける人，何でもいいのです。自分が得意なことで子どもとつながっていきましょう。

　得意なことがなくても，いっしょにできることをすればいいのです。トランプでもお絵かきでもいいんです。先生といっしょにできるだけで子どもたちは喜びます。その中で，いろいろとおしゃべりをしながら，子どもたちとつながっていきましょう。

第4章

4日目〜7日目

　本格的にクラスが始動すると同時に、3日目までにつくってきたシステムやルールを定着させるための大切な時期です。そして、クラスを盛り上げるための手だてを講じる時期でもあります。

学級開き入門

① 【4日目〜7日目】 クラスの目標を決める

1 クラスのよりどころ

　クラス目標をどの時期に決めるか，ということは意見が分かれるところです。早いうちに決めておいた方がいい，という人もいれば，ある程度クラスの子ども同士が馴染んでからがいい，という人もいます。

　私は，早いうちに決めておいた方がいい派です。クラス目標をクラスのよりどころとして，学級づくりを進めていった方がいいと考えているからです。「私たちのクラスは，これを目標にしている。」と，気持ちを集約したり，生活を振り返ったりできるのです。

2 3月までにどんなクラスになっていたいか

　まずは子どもたちから意見を聞きます。次のような手順で行います。
①4〜5人のグループを作り，机の上に模造紙を広げる。
②一人1本マジックペンを持つ。

90

③「3月までにどんなクラスになっていたいか。」というテーマを中央に書く。

④自由に話しながら，模造紙に自分が目指すクラス像を「〇〇〇なクラス」というように書き込んでいく。

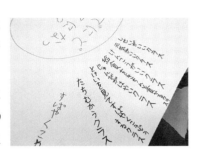

⑤出てきた意見から，3つにしぼる。

⑥しぼった意見を発表し，出された意見について採用するかしないかを全体で話し合う。

　ここまでで，「明るいクラス」「笑顔があふれるクラス」「仲良くするクラス」など大体10個前後出されていると思います。これは，クラスの具体目標として掲げます。

　ちなみに，ある年に4年生を担任した時の具体目標は次の11個でした。

〇元気なクラス	〇声をかけ合うクラス
〇集中するクラス	〇けじめのあるクラス
〇自分で行動するクラス	〇助け合うクラス
〇笑顔いっぱいのクラス	〇やさしいクラス
〇話を聞くクラス	〇仲がいいクラス
〇何でもチャレンジするクラス	

3 クラスのスローガンを決める

　クラスの具体目標を集約するものとして，クラスのスローガ

ンを決めます。合言葉と考えてもよいです。高学年だったら，子どもに考えさせるといいです。そして，出されたものから投票で一つ決めます。

　スローガンを考えるのは相当難しいことですから，低・中学年の場合は先生が考えるとよいです。

　考えるポイントは，

---
①大人になっても忘れないようなもの
②クラスのイメージを表すもの
③クラスの名前を入れているもの（6－1とか4の2とか）
④象徴するものを入れているもの

などが挙げられます。

　ちなみに前掲の4年生のクラスでは「4×2＝8APPY‼（よんのにはハッピー！）」としました。

　他に，歴代の佐々木学級のクラススローガンは
「E－顔満開，6の1！」
「うれ41！たの41！4の1！（うれしい，たのしい，よんのいち！）」
「6年生はすごい！」
「あったか5の2」

4　教室の前面に掲示

　クラス目標は全員で作ります。具体目標は，1文字ずつ分担して書きます。クラスのスローガンには一人ひとり手形を押し

て，その手形の中に自分が心がけたいことを一言書きます。

そして，それを教室の前面に掲示します。

5 毎日意識させる

クラス目標はそのままにしておくと，次第に忘れられ，「風景」になってしまいます。では，どうするか。目標が達成できたかどうか，毎日振り返るようにすればよいのです。

私は，帰りの会で「クラス目標の振り返り」というコーナーを設けています。ここで，今日一日のクラスの生活を振り返り，達成できたものを発表していくのです。例えば，次のように発言させます。

「今朝，朝会に行くときに自分たちで並んで移動できたので『自分で行動』ができたと思います。」

「今日の3時間目の算数の時間に，みんなで教え合っていたので『協力する』ができたと思います。」

これらの発表を聞いて，みんながほぼ達成できたと思う場合は拍手をします。これをすることで，「あ，今日はこれができたな。」と実感することができ，クラス目標は常に意識されることになるのです。

学級開き入門

【4日目～7日目】
クラスのシンボルマークを決める

1 クラスの象徴

　クラス目標が決まったら，クラスのシンボルマークを決めます。これはクラス目標よりもさらにクラスの象徴的存在となります。ですから，これについては子ども自身が考え，子どもたちの話合いで民主的に決めていくことが大事になります。

2 まずはアイディアを

　全員に，「どんなものにするか？」を考えさせます。この場合，マークでもキャラクターでもいいことにします。考えたアイディアは一人ひとりがＡ４版程度の紙に絵で表わします。絵が下手でも，どんな願いが込められているのかを図解していればＯＫです。キャラクターだったら名前も書きます。

3 投票で決める

　出されたアイディアは，誰が描いたのかわからないようにして黒板に掲示します。（子どもによっては，「友達が描いたから選ぶ。」というふうに考える子もいるからです。）それを見て，

どれがクラスのシンボルにふさわしいか投票します。

4 4×2＝8APPY！！のシンボルは？

4年生を担任した時のクラスのスローガンは「4×2＝8APPY！！」でした。このときに圧倒的多数で採用されたのは，「ハッピーマン」というキャラクターです。（左図）メロンをモチーフにしています。二人いるのは仲がいいことを表しています。頭の部分は2組の「2」を逆さまにしたものです。笑顔でかわいらしいところもポイントになっています。

5 ときにはもめることも

二つの意見に分かれてすんなり決まらない場合もあります。そういうときは，二つなり三つのシンボルを合わせたデザインにします。先生の方から提案してもよいのです。この話合いでしこりを残すと，自分の意見が採用されなかった子どものクラスでの生活に対するモチベーションが下がるからです。このデザインを考えるのは，クラスで一番絵の上手な子に頼みます。そうすることでみんなを納得させます。

このキャラクターはもちろん，教室の前面に掲示します。他にもスキャナで読み取ってカードにしたり，シールにしたりして，みんなでそれを持つとクラスへの愛着が一層高まります。

学級開き入門

【4日目〜7日目】
③ 宿題をパターン化する

1　1週目から出しましょう

　宿題はいつから出しましょうか。最初は様子見のためにイレギュラーな感じで出します。私の場合「先生のことを家族に話す。」とか「クラス目標を考えてくる。」とかです。

　3日過ぎたら，そろそろ定番の宿題に切り替えていきましょう。私の場合は，音読・漢字練習・算数のプリントを基本の形としています。

2　音読をすること

　音読は，基本的に今国語で学習している教材文を読みます。理解を深めることと，声を出すことを習慣化するためです。

　音読は，家の人に聞いてもらって，サインかコメントを書いてもらいます。ハンコはNGとします。なぜかというと，読んだふりをして自分で押してくるかもしれないからです。そして，こちら側からは今日の出来事や連絡を書いて返します。ミニ連絡帳のような使い方もできるわけです。

3　漢字練習をすること

漢字練習はもちろん漢字をおぼえるためですが、私は「字を上手にする」ためにも書かせています。書いた字について『いつもていねいに書いていますね。』『はねがきちんとしていますね。』といったコメントを書いたり、上手に書けている字を赤ペンで囲んで『これ、うまい。』と書いたりしています。

これを毎日続けます。子どもたちはコメントを励みにがんばります。私はこれを30年続けてきましたが、確実に子どもの字はうまくなります。

また、『今日は進んで手をあげたね。』『困っている人に親切にしていたね。』といった行動をほめる場にもしています。

4　算数のプリントをすること

基礎・基本を徹底するために行っています。給食の時間に丸をつけて、できていないところを把握します。大きなつまずきがあるときは呼んで教えます。これは給食の時間だからできることです。

宿題のパターンが決まっていると忘れることも少なくなるので、早めに宿題をパターン化しましょう。

学級開き入門

【4日目〜7日目】
これまでの決め事を確認する

1 確認が大事

3日が過ぎ4日が過ぎ…。クラスの生活も軌道に乗ってきたことでしょう。サイクルが出来上がってくると，先生も子どもも緊張が解けてくるものです。

しかし，ここで安心してはいけません。最初に教えただけでうまくいくはずがありません。ここまで，教えてきたシステムがきちんと動いているのか，ルールがしっかり守られているのか，もう一度確認する必要があります。

2 細かいところに着目

子どもに守るように言ったこと，やるように言ったことはこの1週間の間に確実に徹底させます。そのためには，よく様子を観察して，子どもの声に耳を傾けましょう。

給食のおかわりの時に，ちゃんとおかわりしたい人の人数を聞いているか，力のある子がよけいに盛っていないか，また，子どもの会話の中で，体の悪口を言っていないか，渡すときに「はい。」「どうぞ。」，もらう時に「どうも。」「ありがとう。」を言っているか，…。そういう細かいところに気をつけます。な

ぜなら、そこを見過ごすと、「あ、先生は最初は、ああ言っていたけど、守らなくても何も言わないんだ。」と、子どもが思ってしまいます。ここで、教師の権威が一つ下がるのです。ですから、口だけではない、言ったことはきちんと守らせる、そういう姿勢を見せる必要があります。ほんのちょっとしたひと言を聞きのがしてはいけません。また、「これぐらいはいいか…。」は禁物です。ダムの決壊は針ほどの穴から始まると言われています。

3 休み時間と給食の時間がカギ

　ルールが守られているかどうかを判断するカギは、休み時間と給食の時間にあります。授業時間や朝・帰りの会がフォーマルな時間だとすれば、休み時間と給食の時間はインフォーマルな時間です。子どもの飾らない姿が見られます。ここで、クラスの決まり事が守られていれば、他のところでも大丈夫でしょう。

　ですから、休み時間は子どもと一緒にいましょう。一緒に遊んで観察するのもいいですが、時には自分の席で丸付けをするふりをしながら、子どもたちの会話に耳を澄ませてみましょう。給食時間も同様です。子どもたちが食べながら何を話しているのか、アンテナを高くして聞きましょう。

　不適切な言動、ルール破りがあった場合は、短く指導します。『今のは、最初に言った〇〇〇の約束を守っていないよね。ちゃんと守るんだよ。』ぐらいの言葉がけをしておくとよいです。

大抵の場合は，始まって間もないため，習慣として身に付いていないだけです。気づかせて，適切な言動が取れるように声がけをしましょう。

4 宿題をチェックする

　1週目から宿題を出しましょう。そして，最初の日に出しているかどうかをチェックします。名簿を使って確認するのです。

　忘れてきた場合は，休み時間にやらせます。例えば漢字練習を忘れた場合，ノートそのものを忘れてきている場合があります。その時は，あらかじめノートのマスを印刷したものを準備しておき，それに書かせます。「やったんだけど，忘れてきました。」などと言い訳をしても書かせます。私は『やったんだけど忘れた，というのはやらないのと同じです。』と言って有無を言わせずやらせます。音読を忘れた場合は，休み時間に先生の机のわきで読ませます。

　これぐらいやらないと，宿題をやらずにうやむやにしてしまう子どもが出てきます。正確に言うと，これぐらいやってもやってこない子が出てきます。ですから，根気よく続けていくことが肝要です。

　こうやって宿題をきちんと出させることは，実はクラスの決まり事を守ろうとする気持ちにつながっていくのです。宿題を出す習慣ができずに，クラスの決まり事だけを守るということは，私の経験上あまりありません。これらのことはつながっているのです。

5 クラスのシステムやルールは基本的に変えない

　クラスのシステムがうまく機能しなかったり，ルール破りが続いたりすると，見直しをしたくなります。確かに自分が決めたことが上手くいかないと不安になりますね。もちろん，そうならないようによく練っておくことが大事なのですが，うまくいかないのはただ単に慣れていないだけ，という可能性が高いのです。自分がよいと思ったことを貫き通した方がよいのです。

　ですから，決まり事は基本的には変えません。変えるとしてもマイナーチェンジです。もし，変える場合は，きちんと理由を話してどのように変えるのかを明言します。

6 定着のためには指導の持久力が必要

　1週間やそこらではシステムやルールは定着しないものと考えた方がいいです。何度も声がけをしていかねばなりません。

　ある年のクラスでは，半年たっても他の子を呼び捨てにする子どもがいて，そのたびに声がけをしていました。途中で，「仕方ないかなあ。」と思ったこともありました。しかし，ここで譲歩しては他のことも守られなくなってしまうと思い，踏みとどまりました。『他人を大事にしない人は自分も大事にされないよ。』という言葉で少しずつ変わっていきました。指導には，教師側の持久力も必要なのです。毎日毎日続けることで，いつか必ず実を結ぶときがやってきます。

佐々木先生の 学級開き入門 COLUMN ④

毅然と接するとは

　よく，「毅然と接する。」と言いますが，これは具体的にはどういうことなのでしょうか。私は，子どもと接するときに「譲らないこと」だと思います。絶対にこれは守らせたいことがありますよね。それを実行するには強い意志が必要です。悪口を言う子どもが謝らない時に，あきらめずに謝るまで促し続けるのです。ここで，「まあ，仕方ないか。」と譲ってしまってはいけません。

　また，同じ行動をとった子には同じように指導しましょう。それから，いつも自分の中で同じ物差しをもって指導しましょう。ここで「ぶれないこと」が信頼を強めるのです。

　毅然と接するためには「なぜ，それをするのか。」という，その理由を説明することが大切です。

・「なぜ，挨拶をするのか。」→相手に対する敬意を表す。
・「なぜ，呼び捨てはいけないのか。」→相手を大事にしていないから。

　このように，理由を説明して，子どもが納得できるようにすることで，子どもが望ましい行動をとるようになり，クラスのルールが定着したり，システムが機能したり，子ども同士の関係がよくなったりするのです。

第5章

8日目〜いつでも大切なこと

　1週間がたちました。ここから先の1ヵ月は一つひとつのことを，チャンスを見つけながら教えていく時期です。この1ヵ月で学級づくりの7割が決まります。自分の強みを生かしながら，取り組んでいきましょう。

学級開き入門

【8日目〜いつでも大切なこと】
ほめ方・しかり方

1 どれぐらいほめるか

　学級開きをしてからの1ヵ月ぐらいは,ほめることを多くして,「ほめる：しかる＝7：3」ぐらいにしておくとよいでしょう。特に最初の何日間かは,子どもも「どんな先生かな？」と思っている時期なので,いいことをしたらすかさずほめておきましょう。そうすると子どもは,「いいことをすれば,ちゃんとほめてくれる先生なんだな。」と思うようになります。そうすれば,しめたものです。

2 どうやってほめるか

　まずは,よい行いをほめましょう。子どもの事実をほめるのです。ごみを進んで拾った,友だちに消しゴムを貸してあげた,いい発言をしたetc…。さっと短い言葉でほめるといいです。
　『進んで拾ってえらいね。きれいになるね。』
　『親切だね。○○○さんも助かったね。』
　『いいことを言ったね。みんなに役立ったね。』
　などなど,ほめ言葉にバリエーションがあるとよいです。いつも『いいね。』『すごいね。』だけだと,せっかくほめても薄

っぺらい感じになってしまいます。
　それから,「驚く」というのもほめることになります。
『うわあー,この考えは他の誰も書いていないよ!』
『びっくりしたなあ,話を聞くためにすぐに体を向けたね!』
などという言葉でほめたら,子どもは大喜びです。

3 しかる時は

　しかる時に大事なことは,必ず言い分を聞く,ということです。その出来事はなぜ起こったのか,まず本人に説明させることです。たとえどんなに理不尽な理由であったとしても,まずは言い分を聞くのです。忘れ物をした場合でも,誰かをたたいてしまった場合でも同じです。言い分も聞かずに,見たことや周囲の訴えだけで叱ることは避けるべきです。行動の裏にある本人なりの理由を見極めてから叱るようにしましょう。

　そしてその言い分を聞くときには,本音を話させるようにしたいですね。そうしないと,表面的な解決になり,納得した結論に至らないからです。では,本音を引き出すにはどうしたらよいでしょうか。それは子どもの負の感情を否定しないことです。「ゲームをしたかったから。」「だって,あいつ頭にくるんだ。」「ふざけてやった。」など,どんなに自分勝手で不条理な発言だったとしても,まずは「そうなんだ。」と受け止めることです。子どもの感情に共感してから,それがなぜよくないことなのかを,説明して納得させるようなしかり方をしていけば,子どもも素直に反省します。

学級開き入門

②【8日目〜いつでも大切なこと】
指示の出し方

1 よくある失敗

　学校の一日の中で、指示を出すことは授業でも生活の場面でもたくさんあります。しかし、指示を出すときに意識的に行っているでしょうか。

　よくある失敗に、一度にいくつもの指示をしてしまうことがあります。『最初に音読をします。2回読みます。1回目は普通に読んで、2回目は登場人物の気持ちになって読みます。あまり速く読まずに、よく考えながら読んでね。読めない漢字には近くの人に聞いてふりがなをふっておいてください。読み終わったら…。』一度に言われても子どもはできるはずもなく、「何回読むんだっけ？」などと近くの子としゃべったりします。その姿に「ちゃんと聞いていないからわからないんでしょ！」と叱責してしまい、子どもの心が離れていってしまうというのはよくあるパターンです。こんなことを繰り返していくと、あとは、子どもとの距離がどんどん離れ、学級崩壊へとまっしぐら。

　他には、指示の内容をすぐに変えてしまうという失敗。最初の指示を訂正するつもりなのでしょうが、子どもは混乱します。「さっきと違うからちゃんと聞いて！」と叫んでも後の祭り。

最初の指示通り動く子どもと，訂正した指示で動く子どもの二通りが出てきて，授業が立ち行かなくなってしまいます。

2 一指示一行動

　このような状態にならないようにするためには，一つの指示で一つの行動を示すようにするのです。一度に一つだけ言われれば子どもも混乱せずに指示を聞くことができます。このことは「一指示一行動」と言われています。

　「一指示一行動」という言い方は大西忠治先生が著書「発問上達法（1988年・民衆社）」で言われていることです。一度に一つの指示を出す，ということを指示の原則として次のように述べています。「子どもに何かをやらせようとするときに，なるべく一つのことを言うこと，多くのことを一度に言わないこと。これは，指示の原則というよりも，むしろ『指導のための言葉』全体の原則だと言ってもよい。」

　例えば，ダンスの指導をするときに，踊っている最中に「指を伸ばして！もっと大きく！そこはやわらかく！」などとたくさんの指示を出しても，ついてこられるのは一部の子どもです。これではいくら繰り返しても一向に上手にはならないでしょう。そして，叱られるばかりでいやになってくるに違いないです。

　こういう時は，気を付けさせるところを一つだけに絞ります。「今度は，指先を伸ばすことに気をつけましょう。」と指示して踊らせます。それができたら，「次はふりを大きくすることに気持ちを集中しましょう。」と指示して踊らせます。それがで

きたら，次のポイントへ。それもできたら次のポイントへ。子どもは1回踊るのに一つのことに集中すればいいのでわかりやすいのです。できたことをほめればもっと上手になるし，やる気にもなります。

このように「一指示一行動」は，大事なことを伝えるという意味で重要な原則であると言えます。

3 AさせたいならBと言え

「AさせたいならBと言え。」というのは，京都の立命館小学校の岩下修先生の有名な言葉です。「先生に注目しましょう。」と言うより，「先生におへそを向けましょう。」と言った方がよりわかりやすいです。つまり，行動をイメージしやすくする指示を出す，ということです。

例えば，野外炊飯の片付けで，鍋を洗っている時に「もっとしっかり洗いなさい。」「きちんと洗いなさい。」と言っても，子どもは動きません。というか，動きにくいです。具体的なイメージをもてないからです。そこで，「ゴシゴシと洗う音が聞こえるように洗いなさい。」と指示を出します。おしゃべりの声が鍋を洗う音に変わるのに，ほんの数秒です。鍋を洗う音だけが響くようになります。動く手も速くなります。「ゴシゴシ」という言葉が，洗い方として伝わったからです。

「きちんと」「しっかり」という抽象的な言葉もよくありません。私は教務主任をやっていた時に，卒業式の練習を指導していたことがあります。卒業式は儀式です。当然，参加態度にも

厳粛なものが求められます。起立の姿勢一つとっても，式にふさわしいものが必要です。

　全体練習の場で，まず起立の姿勢を指導しました。体育館には４年生から６年生までいます。ここでの指示の言葉はいろいろと考えられますが，「きちんと立ちなさい。」などと言ってはダメです。私はこう言いました。『まず，あごを２㎝上げなさい。』『次に，肩を後ろに２㎝引きなさい。』『最後に，中指を伸ばして太もものわきにつけなさい。』これで，どの学年の子どもの姿勢も，見違えるほどよくなりました。「あご」「肩」「中指」「太もも」という具体的な体の部位を出したことと，「２㎝」という長さを出したことが，具体的な行動を促したのです。もちろん，本当に２㎝上げることを期待したわけではありません。「あごを少し上げます。」というより，「あごを２㎝上げます。」の方が，イメージが伝わりやすいのです。こういうぶれないものを指示の中に入れるところがポイントです。言い換えればデジタルな指示を出すようにする，とも言えます。「きちんと立ちなさい。」という指示では，このような状態にはならなかったでしょう。

　このように，指示を出すポイントは，
①**一指示一行動の原則を守る。**
②**具体的な行動をイメージしやすい言葉を使う。**
の２点であると言えます。学級開きの時期はもちろん，普段の授業や学校生活の中で，指示の出し方に気をつけることはいつも大切ことなのです。

学級開き入門

【8日目〜いつでも大切なこと】
教室環境の整備

1 崩壊の兆候

　学級崩壊しているクラスの特徴の一つとして，教室が汚い，ということが挙げられます。ものが落ちている，掲示物がはがれている，学級文庫の本が乱雑，窓が汚い，黒板が汚い…。

　逆の見方をすれば，このような状況が見られ始めたら，崩壊の兆候が表れていると考えていいでしょう。

2 教室を整備

　このような状態にならないようにするために，早めに手を打っておきましょう。まずは，ごみが落ちていたらすぐに拾うように声をかけることです。もちろん，教師が率先して拾う姿を見せることも大切ですね。

　授業の初めに，『はーい，みんなでごみを10個以上拾いましょう。』と全員を巻き込むという手もあります。ごみだけでなく，『教室をきれいにします。自分で考えて，「これ，やった方がきれいになるな。」と思うことを見つけてやってください。』と，整理整頓まで含めて，教室をきれいにする方法もあります。気が付いた時にすぐに取り組む，というところが大事です。

個々の子どもの身の回りにも気をつけさせたいですね。例えば，机の中，ロッカーの中の整理整頓です。特に机の中は，毎日帰りにのぞかせましょう。のぞかせて，何が残っているか，不必要なものはないかどうか，自分で気をつけさせるのです。タイミングとしては，帰りのあいさつをする直前がいいです。帰りの用意をして，机の中がカラに近くなるからです。

　また，帰りのあいさつの前には必ず机とイスをきちんと並べさせます。学校の事情で問題がなければ，床にマーキングをして，そろえる場所を明示しておくと，子どもが意識して合わせるようになります。

　ロッカーの整理は，図工や習字のときに物をしまうついでにさせます。この時は，整理の時間を確保して，活動を終了するように配慮することが必要です。

3　教室の乱れは心の乱れ

　こんな話もします。

　『教室が汚くなると，不思議なもので気持ちも落ち着かなくなります。投げやりな気持ちも出てきます。そうするときちんと生活しようという気持ちもなくなってきます。教室の乱れは心の乱れにつながるのです。ですから，みんなで気をつけて教室をきれいにしていきましょう。』

　この話をすることで，なぜきれいにする必要があるのか，その理由が明確になります。コラムでもふれましたが，理由を明確にすることで，指示に説得力が生まれます。

学級開き入門

④ 【8日目～いつでも大切なこと】
ノートの鉄則　バン・カイ・ギ

1　ノートの鉄則は

　ノート指導も最初の1週間のうちに行いましょう。私の場合，「ノートの鉄則，バン・カイ・ギ」と教えます。これは，『東大合格生のノートはかならず美しい（太田あや著・文芸春秋刊）』の中での麻布中学・高校の原口宏先生の言葉です。

　「バン」とは板書のことです。黒板に書いたものは必ず書かせます。書くときには，行を開けたり，文頭をそろえたりして見やすく書くことを教えます。

　「カイ」とは解説のことです。黒板には書かない先生の説明や，友達の意見や資料集などで調べたことをノートに書いていくのです。

　「ギ」とは疑問のことです。授業中に「～って何だろう？」「なぜ，～なんだろう。」といった疑問をノートに書いていくのです。

2　徹底させるためには

　「バン・カイ・ギ」を教えただけでは定着しません。これを徹底させるためには，ある方法をとる必要があるのです。その

方法というのは、評価とコメントといいノートの紹介です。

　授業の最後にノートを集めます。集めたノートに目を通し、A・B・Cの評価と短いコメントを書きます。長いコメントはいりません。長く書こうと思うと続けられなくなります。それよりも毎回のように集めて、いいところをほめていった方が効果的です。そして、いい書き方をしている子のノートに付箋を貼っておきます。次のその教科の授業の最初にそのノートを紹介し、どういうところがいいかを示します。そうすると、必ずそれを真似する子が出てきます。そうしたら、今度はそれをほめるのです。『他の人のいいところはどんどん真似していきましょう。パクリ、OKです！』と言っておくとさらにいいです。こうすることで、ノートの書き方が広まっていきます。

　こうしたことを続けていくことで、自分のノートをカスタマイズすることができるようになってきます。（下図は6年生の事例です。）

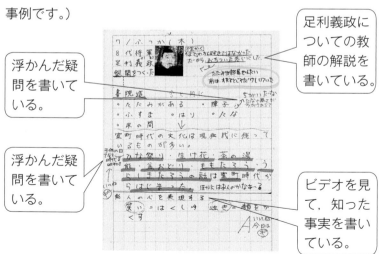

浮かんだ疑問を書いている。

浮かんだ疑問を書いている。

足利義政についての教師の解説を書いている。

ビデオを見て、知った事実を書いている。

学級開き入門

【8日目～いつでも大切なこと】
⑤ やっぱり笑いが大事

1 笑えるクラスに

　当然のことですが，崩壊した学級に温かい笑いはありません。あるのは嘲笑だけです。逆に言うと，温かい笑いのある学級は崩壊しません。ですから，崩壊させないためには，笑いのあるクラスにすればいいのです。そのために，笑いを仕掛けます。「笑いをしかける。」というとキワモノのように思われる方も多いのですが，私はかなり真剣に笑いを仕掛けることを考えています。なぜなら，笑いを共有することで一体感が生まれます。そういうクラスはまとまりもよくなります。

2 ゲームで笑う

　P74の「朝の会」の項目でも書きましたが，私のクラスでは，朝の会でミニゲームをしています。朝のどんよりした雰囲気を明るくするためです。ゲームの中で笑いが生まれます。一緒に笑い合うことは子ども同士の距離を縮めます。くだらないことを一緒にすることが人間関係を円滑にするのです。どんなゲームをするかについては，第7章の「おまけ」にあるミニゲーム集を参照してください。

3 先生がおもしろいことをすると

　そして,もちろん先生がおもしろいことをするのが大事です。「自分はおもしろい人間じゃないのでできないなあ。」と思ったあなた！なんでもいいんです。何かギャグをしなくてもいいんです。(できるにこしたことはありませんが。)子どもにおもしろいことをさせればいいんです。ただ,そのためには,少しは先生がやる必要があります。ちょっとだけダジャレを言うとか,ちょっとだけマンガのキャラクターの決めゼリフを言うとか,ほんの少しでいいんです。

　先生がおもしろいことをすると,子どもたちは「あ,こういうおもしろいことが好きな先生なんだな。じゃあ,自分たちもおもしろいことをやっていいんだな。」と思うようになります。そうすれば,しめたものです。クラスにはおもしろい子が一人や二人は必ずいます。その子に活躍してもらえばいいんです。

　例えば,『○○くん,先生が何か言ったら必ず「そうですね。」って言ってね。』とフッておきます。『○○くん,いい天気だね。』「そうですね。」『先生はかっこいい(美人だ)ね。』「そうですね。」『今日は宿題を多くしようかな。』「そうです…ダメです！」という感じで…。このやりとりを聞いて,みんなが笑えば楽しいですよね？

　先生がおもしろいことをするのは,先生の自己開示にもなっています。心を開くことで笑いへのハードルも低くなります。

学級開き入門

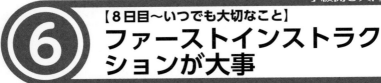

1　最初に教えるときが大事

　学級開きの最初の3日間にシステムやルールを教えることが大事だと言ってきました。

　でも、これは何もこの3日間に限ったことではありません。例えば、習字を最初にやる時には、習字道具の並べ方、書いたものを置く場所の指示、書き終わった後の筆のしまい方、などなど教えることはたくさんあります。こうしたことも学習のルールの一つです。その年の最初の時間に確実に教えておくと、その後はそれに従ってスムーズに進みます。

　1年の中には、こうした最初の時間に教えること（ファーストインストラクション）がいくつかあります。

2　例えば教えておきたいこと

① 絵の具を最初に使う時

　絵の具の使い方は、1年生で教えます。でも、使い方を確実に守っているとは限りません。ですから、どの学年でも最初に使う時に使い方を教えるといいのです。最低でも次のことは教えましょう。

〇パレットの使い方（絵の具を出すところ，混ぜるところ）
　〇水入れの使い方（筆を洗う水，色を薄める水の区別）
　〇色の混ぜ方（全体を混ぜずに，少しずつ混ぜる）
　〇絵の具の付け方（筆につけすぎない）
② **習字を最初に行う時**
　習字のやり方は，３年生で教えます。これについても使い方を確実に守っているとは限りません。次のことは教えておきましょう。
　〇道具の並べ方（すずり，筆，紙の置き方）
　〇筆の持ち方（常に紙に90度）
　〇書いた紙を置く場所（練習したものを置く場所，乾燥させる場所）
　〇筆のしまい方（学校で洗うのか，家で洗うのか，筆巻きを使うか，紙で巻くか）
　〇ごみの捨て方（ごみ袋の外側につかないように）

　この他にも，水泳の時間，パソコンの時間，音楽での鍵盤ハーモニカ，リコーダーを使う時にファーストインストラクションが必要です。
　最初の時間にきちんと教えておくと，実は子どもも安心します。これまで不明瞭だったりすることがはっきりするからです。ですから，最初の指導は大切なのです。
　もちろん，最初の指導で何をどう教えるのかを綿密に計画しておく必要があります。子どもには最初に教えたことが印象に残るからです。

子どもはどんな先生が好きか

　Web版「子ども応援便り」というホームページがあります。その中のページの一つに，小学4年生から中学3年生まで，全国約3000人の子どもたちに，「子どもの理想」アンケートを行い，学校生活についてまとめたページがあります。(2007年度調査。全国の公立小中学校から無作為抽出。小学4年生〜中学3年生対象，有効回答数2940人)

　この中の設問に，「どんな先生が好きですか？」というものがあります。小学校では以下のような結果になりました。

1位　明るく楽しい
2位　授業がおもしろい
3位　授業がよくわかる
4位　いっしょに遊んでくれる
5位　話を聞いてくれる
6位　ちゃんとしかってくれる
7位　ほめてくれる

　「明るく楽しい」が1位なのは，当然ですね。「落ち着いていて影があるのがいい。」なんて言うのは大人だけです。子ども

は，「明るくて楽しい」先生がいいに決まっています。

　1位は当然の結果として，注目すべきは2位以下の順位ですね。この結果は非常に興味深いです。「授業がよくわかる」よりも「授業がおもしろい」の方が上位なのです。子どもは，分かりやすい授業よりもおもしろい授業を求めているということですね。この，「おもしろい」にも二種類あって，単純に先生がおもしろいことを言う「funny」のおもしろさと，知的好奇心を湧き起こさせる「interesting」のおもしろさがありますね。「funny」のおもしろさは，先生がおもしろくなくても，おもしろいことを子どもにさせたり，ゲームを取り入れたりすればいいんです。「interesting」のおもしろさは，授業づくりにかかっています。そのことについて，ここで語ってしまっては，もう一冊本が書けてしまうほどなので，ここでは割愛します。どちらにしても，平板な授業をしている先生は子どもから嫌われるということです。現実は厳しいですね。

　次に注目すべきところは，「ほめてくれる」よりも「ちゃんとしかってくれる」の方が上位だったことです。これ，実は意外ではないのです。なぜなら，子どもは厳しい先生を嫌いではないからです。一見矛盾しているように見えますが，悪いことをきちんと叱って指導してくれないと，自分に危害が及ぶ可能性がありますから，叱ってくれる先生を子どもは支持するのです。また，ルールがきちんとしていないと生活が乱れてしまうので，それを嫌う子も多いということです。そういうルールをきちんと指導できて，クラスにいるやんちゃな子どもたちを掌握できるだけの力を子どもたちは求めています。

4位に「いっしょに遊んでくれる」が入っていることも注目すべき点ですね。この本の中でも再三述べていますが，一緒に遊ぶことは，子どもとのつながりをつくるためにも，子どもに対する理解を深めるためにも，とても大事なことなのです。子どもは先生といっしょに遊びたがります。どんな先生でも，子どもは担任の先生が遊んでくれたら喜ぶものなのです。たとえ，定年間際のおじいさん先生でも，です。そういうものなんです。ですから，「最近，子どもと遊んでいないなあ。」と思っているそこのあなた！ぜひ，明日子どもと遊んでみましょう。きっと，喜んでくれるはずです。

第6章

クラスを温めるために

　子どもたちは黙って見ていても勝手につながってくれるわけではないのです。クラスを温めるために，コミュニケーションルールを確立しましょう。また，盛り上がる活動もやってみましょう。

学級開き入門

【クラスを温めるために】
① よいところさがし

1　何もしなければつながらない今の子ども

　言葉は悪いですが、クラスのメンバーは寄せ集めです。ほうっておいても、あちらこちらでただ群れるだけで、集団にはなりません。特に現代の子どもはその傾向が強いようで、小集団は作りますが、その集団同士のかかわりがありません。クラスの全員とのかかわりがほとんどないのです。これをいろいろな手段でかかわらせて、メンバー同士をつなげていきます。その一つに、お互いの良いところを見つける、という活動があります。よいところを見つけてもらえると、心が温かくなります。書いてくれた人に感謝したくなります。そうやって心がつながっていきます。それが、「よいところさがし」です。

2　よいところを見つけてつながる

　自分の名前を書く欄と、クラス全員の名前が書いてあるワークシートを渡します。

　『これを机の上に置き、教室を歩き回って、その人のいい

	さんのよいところ
隆幸	章
卓郎	健
直樹	真人
多佳子	英亮
美加子	優太

ところを書いていきます。今日はまず，10分間やります。』

子どもたちは，教室内を歩き回って思い思いに書き始めます。しかし，すぐに全員にかける子

はまずいません。当然です。ですから，次のように言います。

『今日書けなかった人については，これから，よいところはどこか，よく観察してください。そして，次回，よいところさがしをするときに書けるようにしてください。』

日を改めて，再度行います。1週間の間に3回ぐらい行うと，全員の欄が埋まります。

3 これをやることで

これをやるのは，クラスの状況にもよりますが，6月頃がいいと思われます。というのも，6月という時期はクラスが荒れやすい時期だからです。お互いのことがだんだん見えてきて，人間関係がこじれてきやすいのです。

ここで，よいところに目を向けることで，みんなそれぞれよいところがあることに気づきます。自分もよいところを見つけてもらって，うれしくなります。心が温かくなりますね。そして，自分のいいところをほめてくれる人を好きになります。好きにならなくても，肯定的な感情をもちます。ここが，この活動の意義なのです。こうすることで，つながりができていくのです。

学級開き入門

【クラスを温めるために】
ふわふわ言葉とチクチク言葉

1 荒れる言葉

　子どもたちは，ひどい言葉を平気で使います。今の子どものことばかり言われていますが，昔もやはりひどい言葉を使っていたと思います。しかし，昔と今の何が違うかというと，それは言葉への「耐性」です。今の子どもは少しの言葉にひどく傷つきやすくなっているように思えます。

　温かい人間関係をつくるためには，冷たい言葉をなくし，温かい言葉づかいを多くしていくことが必要ですね。教室に温かい言葉があふれるようにするためにはどうしていけばよいのか，考えてみましょう。

2 ふわふわ言葉とチクチク言葉

　私は，『好ましい人間関係を育てるカウンセリング（手塚郁恵著・学事出版，1998年)』にある実践を追試しています。ここでは，この手塚実践を私が行ったものを紹介していきます。

　①　模造紙（ピンク色がいいです）に，大きくハートを描きます。
　②　子どもたちにＡ５の白い紙を配付します。

③　Ａ５の紙を半分に折り，左側に言われてうれしかった言葉を，右側に言われていやだった言葉を書きます。
④　一人ずつ，言われていやだった言葉を発表していきます。その言葉は，模造紙のハートの外側に書きます。
⑤　同じように，言われてうれしかった言葉を発表していき，それをハートの内側に書きます。

言われてうれしかった言葉は

> ありがとう，がんばれ，ドンマイ，いっしょに遊ぼう，だいじょうぶ，やさしいね，すごいね，おめでとう，ごめんね，

などです。
　反対に言われていやだった言葉は

> うざい，死ね，消えろ，アホ，バカ，キモイ，こんなこともわからないのか

などです。
　そして次のように話しました。
『ハートの中に書いたのは，心を温める言葉・ふわふわ言葉です。みんなも言われてうれしくなったり，温かい気持ちになったりしたのではないでしょうか。反対に，ハートの外に書いたのは，心を冷やす言葉・チクチク言葉です。言われて頭にきたり，悲しくなったりしますよね。このクラスには，どっちの言葉を増やしていきたいですか？』
「ふわふわ言葉の方」と口々につぶやく子どもたち。

『そうですね。こういう言葉が増えると，みんなの心が温かくなって，もっとみんなが仲良くなっていいクラスになっていきますね。ハートの外の言葉をなくしていきましょう！』
と，言いながら，はさみでジョキジョキとハートの形に紙を切り，チクチク言葉が書いてあるものを切り離し，ぐじゃぐじゃに丸めて，ごみ箱に捨てます。

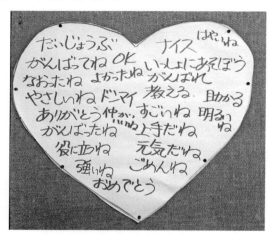

一瞬，「え！」という反応がありましたが，すかさず
『もうこのクラスから心を冷やす言葉はなくなりました！』
と宣言。
『これからは心を温める言葉を増やすことを心がけましょうね。』
と授業を締めくくりました。
このハートの紙は教室内に掲示しておき，いつでも意識できるようにしていきます。

3 これをやることで

　これをやるのは、言葉づかいが気になるなあと思った時です。これをやることで、チクチク言葉は格段に減ります。パフォーマンスとして、くしゃくしゃにしてごみ箱に入れるというのは視覚的に有効なようです。また、やはり、クラスの約束として意識するからでしょう。

　中には、こういういやな言葉を言われてもあまり気にしない、と言う子がいたりしますが、そういう場合は、この活動の前に、こういう言葉を言われるとどういう気持ちになるかというロールプレイを入れてみるとよいです。実は、心が傷ついているということに気付かせるのです。

4 これで終わりにしない

　掲示した後は、このハートが景色にならないように、定期的に『最近、どんなふわふわ言葉を言われましたか？』と尋ね、言われた言葉をハートの中に書いたり、別なカードに書いて掲示したりします。

　また、チクチク言葉を使っている子がいないかどうか、先生がアンテナを張っておくことも大事ですし、そういう言葉を許してはいけない、という子どもたち同士の心がけを促していくことが必要になってきます。

学級開き入門

【クラスを温めるために】
クラスネームをつくる

1 呼び捨てをする子どもたち

　呼び捨てにすることが親愛の情の表れだと思っている人は多いですね。それは信頼関係が本当にきちんと出来上がっている関係の場合，親愛の情の表れとして，親密さを表すものとして，呼び捨てにしているのです。

　ところが学校の場合はどうでしょう。必ずしも信頼関係ができていないのに，呼び捨てにする子が多くありませんか？（中には先生でも平気で子どもを呼び捨てにしている人がいますね。）仲良く遊んでいるときはいいけれど，ちょっともめたりしたときに呼び捨てにされるといやですよね。かと言って「くん・さん」づけだとよそよそしい感じがするときもあります。あだ名もいい時はいいけど，いやなあだ名もありますね。では，どうするか？自分が呼んでほしい呼び方を決めるのです。（上越教育大・赤坂真二氏のクラス会議での実践を参考にしました。）

2 きっかけを大切に

　実際にあった事例です。クラスの中でもめ事があり，呼び捨てにしたのに腹を立てて，さらに悪化してしまいました。この

時，私は「来た，来た，来たー！来たぞチャンスが！」と思いました。日ごろから呼び捨てにしているので，それを改めさせようと思っていたからです。そこで，子どもたちに『今さあ，呼び捨てにしたとか，しないとかでもめてたよねえ。前から先生が言ってきたけど，やっぱりさあ，呼び捨てはよくないよね。どうすればいいかな？』と投げかけました。すると，「一人，ひとり気をつければいい。」「しないように注意し合う。」という答え。うーん，物足りないですねえ。すると「呼んでほしい名前を決める。」という意見が。待ってました！

3 クラスネームをつくる

それで，全員，自分が呼んでほしい呼び方を決めることにしました。決めた名前は，5㎝×20㎝ぐらいのカードに書きます。そして発表します。「今日から，僕のことは『すけピー（ゲーム内での名前らしいです。）』と呼んでください。」と言ったら，全員で「すけピー！」と呼びます。これを全員繰り返していきます。自分の名前を短縮するものや，名前に付け足すものや，全く名前に関係ないものまでいろいろな呼び方が，飛び交います。ちなみに，ある年の4年生のクラスでは…。「みー」「そう」「りゅう」「よりく」という普通の短縮形のものから，「りす」「さかなクン」「恭子（男です！）」「閻魔大王（結局，呼ぶときは「えんま」に短縮されました）」という奇抜なものまで登場し，これが定着していったのです。これで，呼び捨てはほとんどなくなり，温かい空気がつくられていきました。

佐々木先生の 学級開き入門 COLUMN ⑥

専科は授業開き

　教科専科の場合は，学級開きではなく，「授業開き」になりますね。授業開きは，学級開きよりも時間がないのでもっとシビアでセンシティブです。以前，私も教務主任をやっていた時に，社会科専科をしていました。そのときのブログの記事です。

　「黄金の三日間」というのがありますが，専科の私にはそんな時間的な余裕はないです。私の場合は，授業開きの最初の1時間が肝心です。

　今日は5年生の初授業。

　時間の始まる5分前に行って，待っていました。

　そして開始の時間。

　予想通り，全員そろっていません。

　1分後ぐらいに遅れてきた子供たちが5人ほどバツの悪そうな表情で入ってきます。

　さらに3人続きます。

　でも，スルー。

　まずは「礼」の仕方，「注目」の意味を教えます。

　そこまでやってから，『遅れてきた人立ちなさい。』と言います。『時間を守らないということは，人を待たせるということ

です。』と一喝。

次は4年生の復習。

都道府県名を書かせます。地図のどこがどこなのか書き入れていきます。

もちろん,全員が全員できるわけがありません。

そこで,いったんストップ。

『次はグループで教え合いながら書いていきます。』

すると,教え合ったり相談し合ったりするグループとそうでないグループがでてきます。これも当たり前。

そこで,よく話し合っているグループのそばに行き,わざと大きな声で『あ～ここのグループはよく相談して協力していますね!』と言いました。もちろん,他のグループを刺激するためです。

それでも,「沖縄ぐらいわかるべ～」という発言が聞こえました。

それを見逃さず,『じゃ,「47都道府県ぐらい分かるべ～」って言われたら,どう思う?』

「…」

『でしょ?君が言ったのはそういうことだよ。』

そのあと,こう話しました。

『勉強が得意な人と苦手がいる人がいるのは当然です。いろんな人がいるんですから。でも,できるのがえらいんじゃないです。例えばオリンピックで金メダルをとろうとしていたのに取れなかった選手はだめな人ですか?』

首を振る子供たち。

『そうですよね。ですから,「できるのがえらいのではなくて,できるように頑張るのがえらい」のです。』

『グループで協力したら,一人でやった時よりもできるようになりましたね？前よりも頑張れましたね？そう,できなくてもがんばったよね。それがえらいんですよ。』

こんな1時間です。ルール,人との接し方,勉強に対する考え方,それらを盛り込んだ黄金の1時間です。

最初の1時間で,楽しい時間になるという期待感をもたせつつ,規律はきちんと守らなきゃいけないよ,というメッセージを暗に送っていきます。この最初の1時間があるおかげで,次からは見違えるようになります。

第7章

クラスが盛り上がるミニゲーム集，あると便利なグッズ集

クラスの空気を明るくするミニゲームを集めました。そのままやったり，実態に合わせてアレンジしたりしてぜひやってみてください。あと，クラスにあると便利なグッズも紹介します。

学級開き入門

① 【おまけ】子ども同士をつなぐミニゲーム集

1 ウルトラマンゲームその2

35ページで,小グループで行う「ウルトラマンゲーム」を紹介しました。今回は別バージョンです。

> ①リーダー（教師）が前に立ちます。子ども達は自分の席のとなりに立ちます。
> ②リーダー（教師）の「ウル・トラ・マン・シュワッチ！」の掛け声の「シュワッチ」のときに,子どもたちはポーズをとります。そのポーズは次の3つのうちのどれかです。
>
>
>
> ③リーダー（教師）も同じタイミングでポーズをとります。
> ④とったポーズが,リーダーと同じだったら,「アウト」です。「アウト」になった子どもはゲームから脱落です。席に座ります。
> ⑤これを何回か続けて,残った子どもがチャンピオンです。

これは,ほんの少しの時間があればできるゲームです。最後

の一人が残るまでやると,早々に脱落した子どもが飽きるので,3・4回を1回戦にするとよいです。すぐに,「じゃあ,2回戦!全員起立!」とすると,脱落した子どもも救われます。

2 聖徳太子ゲーム

「聖徳太子は十人の人が同時に話すことを聞きわけることができた。」という伝説をもとにしたゲームです。

①太子を子供の中から1人決めます。(黒板の前に立たせます。)
②話す人を5人決めます。(教室の後ろの方に横に並ばせます。)
③ジャンルを決めます。(例えば,花,魚,食べ物,お笑い芸人,アニメのタイトルなど)これは太子役の子供にも教えます。
④太子には聞こえないように,話す人たち5人で誰が何を言うか相談して,割り振ります。(最初のうちは教師が入って決めるといいです。例えば,魚のジャンルだとしたら「サバ」「サケ」「イワシ」「サンマ」「マグロ」という風にします。)
⑤司会(教師)の合図で,5人は一斉に自分の割り当たった言葉を大きな声で言います。(一斉に言うので言葉が重なって聞こえます。ここがポイント。)
⑥⑤を3回繰り返したら,太子は5人が何と言ったのかを答

> えます。それを黒板に司会が書いていきます。
> ⑦最後に、5人の子がそれぞれ何と言っていたかを発表し、答え合わせをします。全部当たっていれば、聖徳太子と認定します。

　こんなシンプルなゲームですが、けっこう盛り上がります。話す人数や言う回数を変更して行うこともできます。クラス全員ではなく、5・6人のグループで交代しながらやっても楽しいです。

　このゲームもフェアプレー精神がないとつまらないです。言う方の子供が、全員大きな声で言わないと楽しくなりません。自分たちが勝ちたいがために、わざと小さい声で言ったり、一人だけが大きな声だったりすることがあります。そうしたことがないように、「みんなが楽しむためにゲームをしているのだから。」ということを確認するとよいです。「ずるいことをしない」という空気が生まれるようになります。ゲームが学級づくりにもつながります。

3　落ちた落ちたゲーム

> リーダー『落〜ちた落ちた。』
> 子「何が落ちた。(笑)」
> リーダー『かみなり！』
> 子　さっと、おへそを押さえる。

というだけのゲーム。落ちたものによって、ポーズが違うので

間違えないようにするところがポイントです。

●かみなり→おへそを押さえる。

●げんこつ→頭を抱える。

●丸いもの→両手で受け取る。

●それ以外→地面を指差す。

リーダーは先生がやるといいです。まずは，全員立ちます。そして冒頭のフレーズを，落ちるものを変えながら繰り返します。間違えたら座ります。間違えずに最後まで残った子の勝ちです。

これも，ウルトラマンゲーム2と同様に最後の一人が残るまでやると，早々に脱落した子どもが飽きるので，3・4回を1回戦にするとよいです。すぐに，「じゃあ，2回戦！全員起立！」とすると，脱落した子どもも救われます。

4 たけのこにょっきっき

昔，ネプチューンのTV番組（タイトルは忘れた）で，やっていたゲームです。ご存知の方も多いでしょう。やり方は次の通り。

①5～6人で輪になります。（これぐらいの人数がちょうど

よいのです。）
② 「たけのこニョッキッキ！」のかけ声で，みんな両手の掌を合わせて拝むように胸の前に構えます。
③ 誰からでもいいのでランダムに「1ニョッキ！」「2ニョッキ！」「3ニョッキ！」と順番に言いながら，手をタケノコが伸びるように上げます。（上げた手はそのままおろしません。）
④ このときに，手を上げるタイミングが誰かとかぶってしまったらアウト。（例えば「3ニョッキ！」が二人いたらアウト。）最後になってもアウトです。（6人いたら，6番目になった人がアウト）ここがこのゲームのポイントです。
⑤ アウトになったら，ワンペナ（ワンペナルティ）です。時間内に最もペナ数が少なかった人が勝ちです。

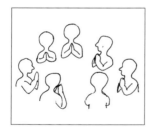

このゲームは，周りの空気を読むところがおもしろいのです。偶然性に左右されるゲームなので，誰にでも勝つチャンスがあります。あと，短時間で何回もできるのもいいです。

5　辞書ゲーム

　昔流行った「エスチャー」って知りませんか？ある言葉（物の名前など）を絵に表わし，何を描いたのか当てる，というゲームです。私は，これをもう一工夫しました。問題を選ぶのに辞書を使うのです。

　ちょっとしたすきま時間にやると，子どもたちはすごく喜びます。

---

①絵を描く人を選ぶ。
②絵を描く人は目をつぶって辞書を開く。
③開いたページの中から，先生と相談して何を描くか決める。
④黒板に絵を描く。
⑤それを見て，分かった時点で周りの子が答える。

　これだけです。単純なゲームですが，盛り上がります。絵がうまければ「お～，うまいね～。」と言われるし，たとえ下手でも「なんだよ，それ～（笑）。」と笑いを誘います。

　3分あれば，一回できます。グループ対抗にしてもおもしろいです。

学級開き入門

② 【おまけ】あると便利なグッズ

あると便利なグッズです。大抵は100円ショップやネット通販で購入できます。

1 両面テープ付マグネットシート・両面マグネットシート

名札を作るのに使います。両面テープ付きはラミネーターで作ったカード（日直の仕事とか）に貼るのに便利です。切れ目が入っているものがあるので，それを使うと簡単です。両面に書

けるマグネットシートもあります。これは，係の仕事を表示するのに使えます。終わったら裏返す，という使い方ができます。

2 ミニホワイトボード・マーカー

掃除や給食の当番の分担を書いて，名札を貼るのに使います。他にもグループの話合いで出た意見を書いたり，ゲームで使

ったり，授業で意見を書いたりするのに使えます。人数分＋αの枚数を用意しておくと便利です。某100円ショップで，1枚100円で売っています。

3　ピンポンブー

授業で一問一答形式の時に使えます。正解したら「ピンポン」不正解なら「ブー」と鳴らします。これだけで，盛り上がります。もちろん，レクリエーションで使えます。子どもたちに大人気のグッズです。ネット通販で700～1000円ぐらいで購入できます。

第7章　クラスが盛り上がるミニゲーム集，あると便利なグッズ集　　141

あとがき

　この本では学級開きの細かいノウハウと，どういう意図でそうするのかについて述べてきました。「何のためにそれをするのか。」ということを自分の中できちんともっていないと，「自分も子どものころやってきたことだから。」「どこのクラスでもやっていることだから。」と，理由が不明確なまま子どもにやらせてしまうことになります。そうすると何を求めているのかよくわからなくなってしまいますね。自分の中でそれをする理由がはっきりしていると，指導がぶれなくなります。これは子どもにとってもいいことなのです。

　ですから，自分はどういうクラスを目指しているのか，そのためには何をすればいいのか，そこをまず明確にすることが大事です。そして，具体的にこうしよう，ああしようと学級開きの作戦を練るのです。このことは，初任者だろうと30年経験のベテランだろうと変わりないことです。

　学級開きは，学級づくりのスタートです。ここまで読んだ方はもうお分かりだと思いますが，最初の1ヵ月で学級づくりの7割は完了です。ですから，最初の1ヵ月を，どんなに大変でも必死でがんばると，あとの11ヶ月は楽になります。

　そのためには，子どもからの信頼を得ることと，システムとルールを確立させることを何よりも優先します。最初は指導することが多くなるので教師主導の割合が高くなりますが，教師の意図したシステムとルールが確立したら，あとはその枠の中で，子どもが創意工夫する余地を増やしていけばよいのです。

子どもが成長・進化していくと，その枠を超えることも出てくるでしょう。私は，クラスの最終形態は「自治」だと考えています。自分たちのクラスの生活を自分たちで考えていき，自分たちで運営する。別に全員が仲良しでなくても構いません。逆に全員が仲良しっていうのは嘘くさくて気持ち悪いです。仲良しでなくてもいいから，何かを目指す場合は協同してこれにあたる，というクラスを目指しています。その目標の達成のためには，何らかの形で全員が関与すること，そういう意識が生まれるといいなあと思っています。

　この本を手にしたのが，4月でなかったとしても，クラスづくりのためにリセットすると考えて，もう一度学級開きをしてみるということも「あり」だと思います。4月の方が効果的というだけのことです。「思い立った日から学級開き。」そんな考えがあってもいいのかなあ，とぼやっと考えています。

　執筆の機会を与えてくださった北海道の堀裕嗣さん，明治図書出版の及川誠さん，ありがとうございました。今回の執筆で自分の実践を振り返り整理することができました。

　「潤先生のクラスは楽しい！」「先生が担任だったときが一番よかった。」と，教え子によく言われます。佐々木学級はなぜ楽しいのか？そんな疑問に対する一つの答えになればいいなあと思いながら，この本を執筆していました。ぜひ教師を目指している教え子に薦めよう（笑）。

佐々木　潤

【著者紹介】

佐々木　潤（ささき　じゅん）

1962年宮城県生まれ。現在，石巻市立公立小学校勤務。授業づくりネットワーク・東北青年塾スタッフ。お笑い教師同盟・東北支部長。実践研究，講演などを精力的に行っている。「一番受けたい授業」(朝日新聞社編)で全国76人の「はなまる先生」の一人に選ばれる。平成22年度文部科学大臣優秀教員受賞。

【著書】

『一日一笑！教室に信頼・安心が生まれる魔法のネタ』（2011年，学事出版）他，共著多数。

☆本書の参考文献

『追究の鬼を育てる学級づくり』有田和正（1995年，明治図書），『楽しい教室づくり入門』有田和正（1988年，明治図書），『学級経営力を高める3・7・30の法則』野中信行（2006年，学事出版），『必ずクラスがまとまる教師の成功術』野中信行・横藤雅人（2011年，学陽書房），『発問上達法』大西忠治（1988年，民衆社），『AさせたいならBと言え』岩下修（1988年，明治図書），『東大合格生のノートはかならず美しい』太田あや（2008年，文藝春秋)』，『エンカウンターで学級が変わる・小学校編』國分康孝（1996年，図書文化），『好ましい人間関係を育てるカウンセリング』手塚郁恵（1998年，学事出版），『スペシャリスト直伝！　学級づくり成功の極意』赤坂真二（2011年，明治図書）

THE 教師力ハンドブックシリーズ
学級開き入門

2015年2月初版第1刷刊　Ⓒ著　者	佐　々　木　　　　潤	
2016年2月初版第2刷刊　　発行者	藤　原　久　雄	
発行所	明治図書出版株式会社	

http://www.meijitosho.co.jp

（企画）及川　誠（校正）及川　誠・牛山志穂

〒114-0023　東京都北区滝野川7-46-1
振替00160-5-151318　電話03(5907)6704
ご注文窓口　電話03(5907)6668

＊検印省略　　　　組版所　藤原印刷株式会社

本書の無断コピーは，著作権・出版権にふれます。ご注意ください。

Printed in Japan　　　　ISBN978-4-18-166714-6